LE COCU.

PAR

CH. PAUL DE KOCK.

L'époux en permettra la lecture à sa femme.

Tome Troisième.

PARIS,
GUSTAVE BARBA, ÉDITEUR,
PROPRIÉTAIRE DES OEUVRES DE PIGAULT-LEBRUN ET DE PAUL DE KOCK;
RUE MAZARINE, N° 34, FB. S.-G.
1831.

LE COCU.

III.

PARIS. — IMPRIMERIE DE COSSON,
Rue Saint-Germain-des-Prés, n° 9.

LE COCU.

CHAPITRE PREMIER.

EUGÉNIE ET MARGUERITE.

Après plusieurs semaines passées sans que nous nous soyons adressé la parole ma femme et moi, nous nous sommes cependant rapprochés et raccommodés; mais il me semble que cette réconciliation n'est pas bien franche, et que ce n'est que du replâtrage. Ces fréquentes scènes auraient-elles altéré notre amour?... Non: j'aime toujours ma femme; mais répétées souvent, les querelles aigrissent l'humeur, changent le caractère. Les mots que l'on se dit dans la colère, quoique oubliés ensuite, portent une atteinte fatale à nos illusions, et celles-là ne renaissent plus.

Nous sommes retournés à Livry, chez la nourrice de notre fille, et cette fois par une superbe journée du mois de juin; combien cette partie ressemble peu à l'autre!.. Nous n'avons aucune querelle ma femme et moi, mais ce calme qui règne entre nous ressemble à celui qui serait la suite de vingt ans de ménage; et nous revenons sans que notre cheval nous conduise au bord d'un fossé.

Un événement bien cruel marque les premiers mois de notre séjour dans notre nouveau local : Eugénie perd sa mère. La bonne madame Dumeillan nous est enlevée à la suite d'une courte maladie, et lorsque nous devions espérer jouir encore long-temps de sa présence et de sa tendresse. Je sens cette perte presque aussi vivement que ma femme. Car madame Dumeillan était notre meilleure amie; évitant de se mêler de nos discussions, feignant de ne point s'apercevoir de nos querelles, madame Dumeillan, sans donner tort à l'un de nous, savait adroitement nous ramener l'un vers l'autre et ranimer dans notre cœur les plus doux sentimens. Toutes les fois qu'Eugénie revenait de chez sa mère, je m'en apercevais, parce qu'elle était plus aimable avec moi. Ah! combien ils sont rares, les parens qui veulent nous voir heureux sans prétendre diriger notre conduite, nos actions, et nous fatiguer de leurs conseils!... La perte que nous venions de faire était irréparable : on ne rencontre pas deux fois dans la vie des personnes qui ne nous aiment que pour nous, et qui ne nous imposent pas mille sujétions pour prix de leur amitié.

La douleur d'Eugénie est bien vive, bien profonde. Pour la distraire, je la mène dans le monde. Nous allons en soirée, au spectacle, au concert; nous recevons plus souvent chez nous. Le bruit du monde ne fait pas entièrement oublier une perte cruelle, mais il occupe, il étourdit. Il est des peines avec lesquelles on aime à rentrer en soi-même; il en est d'autres qui nous forcent à nous fuir et pour lesquelles la réflexion est mortelle.

Nous reprenons notre fille avec nous. Sa présence contribue à distraire ma femme de sa douleur. La vue de sa petite Henriette, ses caresses, ses premiers mots inintelligibles pour d'autres que nous, font enfin supporter à Eugénie la perte qu'elle a faite. On est fille avant d'être mère, mais on est mère bien plus long-temps que l'on n'a été fille; et, dans notre cœur, la tendresse n'est point ascendante, elle incline au contraire vers les nouvelles générations.

La mort de madame Dumeillan a rendu ma femme plus riche que moi de quatre mille francs de rente. Je ne lui envie pas sa fortune, mais je voudrais que mes enfans ne dussent pas plus à leur mère qu'à moi. Cette idée me fait me livrer au travail avec plus de zèle : je passe une partie de mon temps dans mon cabinet et au palais. Nous nous voyons moins, Eugénie et moi ; est-ce pour cela que nous sommes plus d'accord ? J'espère que cela ne tient pas à cette circonstance. Je me retrouve toujours avec plaisir près d'Eugénie, et je suis bien heureux quand je tiens ma fille dans mes bras. Ma petite Henriette est si gentille ! je la trouve déjà spirituelle, je me sens disposé à la gâter, à faire toutes ses volontés : mais ma femme est plus sévère que moi.

Nous voyons ma mère, mais rarement ; elle trouve que l'on joue mal le wisk chez nous. Les Giraud viennent quelquefois, il s'occupent toujours à faire des mariages ; je me suis donné le plaisir de les réunir chez moi avec Bélan et sa femme. C'était un feu roulant d'épigrammes de la part de Giraud. La superbe Armide n'a point eu l'air d'y faire attention ; quant à Bélan, il s'est retranché derrière sa femme, dont il a l'air d'être le domestique et à laquelle il ne parle qu'après l'avoir saluée.

Dans ces réunions nombreuses, dans ces cercles bruyans où nous nous trouvons assez souvent, il y a de jolies femmes et de très-jolies demoiselles. Je l'avouerai franchement : je me suis surpris plusieurs fois, oubliant que j'étais marié, à faire les yeux doux aux dames, à faire la cour aux jeunes personnes : les dernières n'ont pas répondu à mes œillades, le titre d'homme marié les empêche de me remarquer ; il n'en est pas toujours de même à l'égard des autres. Mais ces momens d'oubli ne durent qu'un instant; je suis tout étonné alors de m'être encore conduit comme un garçon. Il n'y a pas grand mal à regarder tendrement une autre femme que la sienne : cependant si Eugénie en faisait autant, si elle regardait tendrement un homme, je trouverais cela fort mauvais... A coup sûr, je ne suis pas fâché d'être marié : pourquoi donc quelquefois dans le monde me conduire comme si je ne l'étais pas? Mais cette légèreté apparente tient à mon humeur, et non à mon cœur. Parce que l'on est époux, je ne pense pas qu'il faille avoir l'air d'un hibou et ne plus oser rire et plaisanter qu'avec sa femme; c'est alors que l'hymen serait une chaîne trop lourde.

Je vais quelquefois chez Ernest; il est père aussi : sa petite Marguerite lui a donné un garçon. Ils sont au comble de leurs vœux : la fortune leur sourit. Ernest gagne de l'argent; et, s'il le voulait, il ne manquerait pas de gens qui viendraient à sa table le complimenter sur ses succès, et encenser sa femme, en fermant les yeux sur ce qui manque à leur union. Mais Marguerite ne veut pas aller en société ; elle prétend que quelques amis véritables valent mieux que des réunions où les femmes se déchirent, où les hommes se trompent entre eux. Elle parle du monde comme si elle le connaissait. « Ce monde où tu » veux que j'aille, » dit-elle à Ernest, « croirait me faire beaucoup d'honneur » en me recevant; bien des femmes même » rougiraient de me parler. Elle n'est pas » mariée, se diraient-elles en me toisant » d'un air dédaigneux. Et moi, mon ami,

» je ne me sens pas disposée à me con-
» tenter d'un tel accueil. Dans le fond
» de mon âme, je me crois tout aussi
» estimable que ces dames-là ; car je
» donnerais mon sang, ma vie pour
» toi !... et il en est plus d'une parmi
» elles qui n'en feraient pas autant pour
» leur mari. »

Je trouve que mon ancienne voisine n'a pas tort. Ernest lui-même n'a rien à lui répondre ; et pourtant il voudrait qu'elle allât quelquefois dans le monde, pour se former aux manières de la société et ne pas être empruntée si elle devait en recevoir. Il veut faire de sa petite Marguerite une dame. Il me semble qu'elle est très-bien comme elle est.

Depuis quelque temps ma femme est moins jalouse ; elle aura senti qu'elle avait toujours eu tort de l'être ; elle aura travaillé à se corriger. Mais si ce n'était pas ce motif, si elle m'aimait moins... Mon Dieu! que nous sommes ingénieux à nous tourmenter! J'étais malheureux par la jalousie de ma femme, et voilà que je m'inquiète parce qu'elle me laisse en repos!

Quelquefois, cependant, je vois encore ses yeux me suivre lorsque je cause avec une jolie femme; mais, après avoir fait le galant, si je me rapproche d'Eugénie comme pour rassurer son cœur, elle détourne ses regards avec indifférence et semble n'être pas occupée de moi. Est-ce donc là sa nouvelle manière de m'aimer, et n'y a-t-il pas un milieu entre cet air de froideur et des transports jaloux?

Parmi les personnes qui viennent chez moi, il est beaucoup d'hommes de lettres et d'artistes. Leur société est agréable ; dans leur méchanceté ils mettent au moins de l'esprit, et nulle cérémonie dans leur manière. Un peintre fort aimable, qui est de beaucoup de réunions où nous nous trouvons, veut absolument, quoique garçon, donner un bal aux dames chez lesquelles il va danser souvent. M. Leberger a fait ses invitations, et tout le monde a accepté; on se promet de rire et de s'amuser à une soirée donnée par un peintre qui est garçon. Pour mon compte, j'ai eu soin de lui faire inviter les Bélan et les Giraud; j'aime à mettre les ennemis en présence. Leberger invite toutes les personnes qu'on lui désigne; son plus grand désir est d'avoir beaucoup de monde; d'ailleurs, on doit danser dans son atelier, et il y aura de la place.

Ma femme a fait quelques façons pour aller à ce bal; elle croit qu'on ne s'amusera pas; elle prétend qu'elle n'aime plus danser. Ne plus aimer danser!... et elle n'a que vingt ans!... Je veux qu'elle y vienne; elle se rend enfin. Mais nous ne partirons que lorsque notre petite Henriette sera endormie; je voudrais qu'elle fût déjà en âge de venir danser avec nous.

Deux lampions placés à la porte de chez Leberger nous indiquent de loin sa demeure. Notre artiste veut que rien ne manque à son bal; l'escalier est éclairé par des chandeliers placés à de courtes distances; on n'a pas jeté de fleurs sur les marches, mais il y a des tapis. Le son des instrumens nous guide; le bal est déjà en train. Nous montons. Un voisin obligeant, qui demeure sur le même carré que l'artiste, lui a prêté son logement, qui sert à la fois de vestiaire et de laboratoire; car c'est chez le voisin qu'on fait le punch et qu'on prépare les rafraîchissemens.

L'atelier transformé en salle de bal offre un coup d'œil piquant. Il est grand, mais très-bien éclairé. Des tableaux achevés, des ébauches, des études ornent les murs. Des bustes, des bosses, des torses supportent les bougies et servent de candélabres; les musiciens sont montés sur un grand marche-pied autour duquel des costumes romains forment draperies. Ce sont des amateurs qui font l'orchestre, mais ces amateurs-là ont l'aplomb et presque le talent de Tolbèque. Derrière eux est placé un mannequin qui porte à sa bouche un serpent dont il a l'air de jouer; enfin on a mis une petite flûte dans la bouche d'un Ajax, et un trombonne à la main de Bélisaire.

Il y a foule : Leberger a invité beaucoup de ses confrères et des poëtes, des musiciens, des statuaires. Le bal est déjà animé. J'aperçois Giraud dansant avec sa fille, tandis que sa femme s'est fait inviter par son fils aîné, qui commence à donner fort gentiment des coups de pied à ses voisins. Je vois madame Bélan qui a daigné figurer avec un poëte, tandis que son mari tient compagnie à sa belle-mère, madame de Béausire, qui est assise dans un coin de l'atelier, où elle semble poser pour la mère des Machabées.

Ma femme s'est placée près de dames de sa connaissance. Je vais regarder un quadrille, mes yeux s'arrêtent sur une jeune dame qui danse timidement, mais qui cependant n'est point dépourvue de grâces. Je connais cette figure-là... certainement, je la connais... mais d'où?... Ah! se pourrait-il!... C'est Marguerite; c'est madame Ernest. Cette toilette si différente de celle toute simple que je lui ai toujours vue m'empêchait de la reconnaître. J'étais si loin de la croire à ce bal... Par quel hasard?... Son mari l'aura voulu. Mais il doit être ici... oui, le voilà; il regarde danser sa femme, il la regarde avec plaisir. Il a raison: c'est une des mieux du bal.

Je ne vois rien d'étonnant à ce qu'Ernest ait amené sa femme ici : je ne verrais aucun mal à ce qu'il la menât partout avec lui; mais il y a dans cette réunion des personnes ridicules qui ne pensent pas comme moi. Heureusement, la position des gens n'est pas écrite sur leur front. Mais ma femme!... depuis ce certain soir où elle m'a suivi, elle est persuadée que je suis ou que j'ai été l'amant de madame Firmin!... Je n'irai pas lui dire que mon ancienne voisine est là; mais si elle voit Ernest, elle l'apprendra sans doute. Je suis inquiet comme si j'étais coupable; si je l'étais, peut-être ne serais-je pas aussi embarrassé. Cependant je ne puis pas me dispenser de dire bonsoir à madame Firmin; parce que ma femme est injuste, je ne serai pas malhonnête; mais je tâcherai de le faire sans qu'elle s'en aperçoive.

Je m'approche d'Ernest, il me voit et vient aussi à moi :

— « Vous voilà, mon cher Blémont... » Ah! je suis charmé que vous soyez ici;

» je ne m'attendais pas au plaisir de vous
» y rencontrer... Vous connaissez donc
» Leberger? — Oui; il vient quelque-
» fois à la maison. — Son bal est fort
» bien... J'ai amené ma femme!... Tenez...
» elle est là; elle danse. — Je l'ai aper-
» çue. — Marguerite ne voulait pas ve-
» nir; mais je me suis fâché, elle a cédé
» enfin. D'abord Leberger m'avait dit :
» C'est un petit bal sans façon. Chez un
» garçon on devait le présumer : après
» tout, ma femme vaut bien celles qui
» sont ici. Du moment que je la nomme
» ma femme, personne ne doit se per-
» mettre de la nommer autrement; et s'il
» fallait savoir ce qu'ont fait tous les gens
» qui garnissent un salon, je crois qu'on
» en apprendrait de belles. — Vous savez
» ce que je pense à cet égard, mon cher
» Ernest; je ne suis pas de ceux qui ne

» croient à la vertu que par devant no-
» taire. Mais on ne sait pas ici que
» vous n'êtes pas mariés; et ce n'est
» pas de ces choses que l'on a besoin de
» tambouriner. — Sans doute..... Regar-
» dez donc Marguerite : comme elle est
» bien!..... Je craignais qu'elle ne fût
» gauche, embarrassée devant le monde;
» elle s'en tire mieux que je ne le croyais.
» Je lui ai dit avant d'entrer dans le bal :
» Ma chère amie, persuade-toi bien que
» tu vaux mieux que tous les gens que
» tu vas voir, et leurs regards ne t'inti-
» mideront pas. — C'est toujours ce
» qu'on devrait se dire, quand même on
» irait à la cour. — Madame votre épouse
» n'est pas ici? — Pardonnez-moi..... —
» Ah! j'irai lui souhaiter le bonsoir... —
» Je crois qu'elle danse maintenant... Il
» y a de bien drôles de figures ici, n'est-

» ce pas? — Oh, oui!... il y a de quoi
» trouver un sujet de vaudeville!... »

Je voudrais bien qu'Ernest oubliât
d'aller dire bonsoir à ma femme; mais
comment l'en empêcher?... La contredanse finit. Je profite du moment où l'on
reconduit les danseuses et je m'approche
de madame Ernest, qui est heureusement
placée très-loin de ma femme.

Mon ancienne voisine paraît enchan-
tée de me voir. « Asseyez-vous donc un
» moment près de moi, » me dit-elle; « je
» suis si contente de trouver quelqu'un
» de connaissance!.... Je suis perdue au
» milieu de tout ce monde-là... Et ce
» pauvre Ernest n'ose pas me quitter...
» J'ai peur que ça ne l'ennuie... Me trou-
» vez-vous bien coiffée?... — Très-bien,
» madame. — Il me semble que je suis

» très-mal !..... je m'aime bien mieux
» avec mon petit bonnet que j'ai toujours
» à la maison. Mais Ernest a voulu
» m'emmener... il a bien fallu faire de la
» toilette... — Pardon, madame, je vou-
» drais bien vous tenir compagnie...
» mais... c'est que je suis avec ma femme
» ici..... — Madame Blémont est ici......
» Oh! mon Dieu! et moi qui vous rete-
» nais. Ah! montrez-moi donc votre Eu-
» génie; je serai bien aise de la voir... —
» En ce moment il y a trop de monde
» qui vous sépare d'elle... Mais Ernest la
» connaît, il vous la montrera... Par-
» don... j'aurai le plaisir de vous revoir. »

Je m'éloigne de madame Ernest; elle me trouvera peu poli peut-être. Mon Dieu! que c'est cruel d'avoir une femme soupçonneuse; on ne sait comment se conduire dans le monde...

Bélan vient s'accrocher à mon bras en me disant : — « Bonsoir, mon ami ; vous
» savez que je ne suis pas cocu... — Eh !
» mon Dieu ! mon cher Bélan, vous ai-je
» jamais dit que vous l'étiez ? — Mon
» ami, si je vous dis cela, j'ai mes rai-
» sons.... Ces polissons de Giraud ont
» fait des propos indignes... Ma belle-
» mère voulait que je me battisse avec
» eux. — Avec Giraud et sa femme ? —
» Avec le mari, cela s'entend ; moi je le
» voulais aussi... Ma femme, Armide, a
» prétendu que cela n'en valait pas la
» peine... Mais ils sont ici... et quand je
» vois ces gens-là, je ne sais comment
» me contenir..... — Eh ! mon Dieu,
» est-ce qu'il faut croire tout ce qu'on
» nous raporte ! les Giraud n'ont peut-
» être jamais parlé de vous. — Oh !
» si fait ; ils ont même........ Pardon,

» ma belle-mère me fait un signe. »

Bélan me quitte. Je ris encore de ce qu'il vient de me dire, lorsque j'aperçois Ernest qui parle à ma femme. Allons! il n'y a pas eu moyen d'empêcher cela... Après tout, je suis bien bon de me tourmenter lorsque je n'ai rien à me reprocher.

Ernest s'éloigne d'Eugénie; alors je m'approche d'elle. A la mine qu'elle me fait, je vois qu'elle sait que madame Firmin est ici...

« J'avais le désir de ne point venir
» à ce bal, » me dit Eugénie; « c'était sans
» doute un pressentiment. J'aurais dû
» suivre mon idée, je ne me serais pas
» trouvée avec des personnes que je ne
» désirais pas voir... Vous venez sans
» doute de causer avec votre ci-devant
» voisine, monsieur? — Ma voisine?.....

« — Ah! pardon; c'est madame Firmin qu'il faut dire... Je sais qu'elle est ici : son *monsieur* a eu la bonté de me l'apprendre. — En effet, madame Firmin est ici, et je viens de lui dire bonsoir. — Comme c'est agréable pour moi de me trouver en soirée avec cette femme!... — Je vous réponds que si j'avais su qu'elle fût ici, je ne vous aurais pas engagée à y venir. — Oh! je le crois! mais il ne faut pas que cela vous gêne, monsieur!... Ah!... la voilà sans doute, qui passe avec son monsieur Ernest... Quelle figure commune!..... on voit bien ce que c'est... Mais allez donc, monsieur; elle veut peut-être vous parler. Elle me regarde, je crois... l'impertinente!... Au moins, monsieur, je vous prie de lui défendre de me regarder ainsi. »

Je suis au supplice! Ernest et Marguerite ont passé tout près de nous. Je tremble qu'ils n'aient entendu Eugénie. Je m'éloigne, et vais me placer à une table d'écarté, où je reste plus d'une heure.

Quand je retourne à la danse je passe devant madame Ernest. Elle me regarde en souriant; elle n'a pas entendu ma femme. Je m'approche d'elle, car j'ai pris mon parti et ne m'inquiète plus de ce qu'on pensera.

« —Vous ne dansez donc pas, M. Blé-
» mont? — Mais pas souvent. — J'ai vu
» votre femme; elle est bien jolie, mais
» elle a l'air un peu sérieux. Est-elle tou-
» jours comme cela? — Non... c'est
» qu'elle a mal à la tête. — Est-ce que
» vous ne la faites pas danser? — Elle ne
» manque pas de cavaliers! — C'est

» égal; on m'invite toujours, mais j'ai
» voulu danser avec Ernest aussi... Je n'ai
» pas encore manqué une contredanse.
» — Vous amusez-vous ici? — Comme
» ça... Ah! j'aime mieux être chez nous
» au coin de notre feu!... »

Un cavalier vient prendre la main de madame Ernest. Je me promène dans le bal. Ma femme danse avec un petit-maître fort joli garçon. Bélan figure en face de sa femme, qu'il regarde avec admiration, tandis que la grande Armide semble de mauvaise humeur d'avoir son mari pour vis-à-vis. Giraud vient près de moi, et me dit d'un air goguenard :

« — Il me semble que Bélan est
» rapetissé depuis qu'il est marié : sa
» femme l'écrase. — Vous êtes un mé-
» chant, Giraud. — Regardez donc la
» belle-mère... là-bas... Où elle a pleuré,

» ou elle pleure, ou elle pleurera. —
» C'est peut-être de plaisir. — En effet,
» elle a l'air gai!... Comme Bélan doit s'a-
» muser avec ces deux femmes-là!... Ça
» ne lui a pas porté bonheur, de ne point
» nous avoir invités à sa noce. Tiens!...
» le marquis n'est pas avec eux... Par
» quel hasard! — Quel marquis? — Ah!
» ah! vous avez l'air de ne pas savoir!...
» C'est le secret de Polichinelle!... Mais
» je crois que ma fille veut se rafraî-
» chir... »

Marguerite a raison : le monde est bien méchant! La contredanse est terminée. Je suis debout près de ma femme, quoique je ne lui parle pas. Bélan s'arrête près de nous, et, tout en faisant sa revue, nous montre Marguerite en disant : « Voilà une des plus
» jolies femmes du bal !

« — Vous avez bien mauvais goût,
» monsieur ! » s'écrie Eugénie. « Com-
» ment peut-on trouver cette femme-là
» jolie !... Et d'ailleurs quelle tournure !...
» On voit bien ce que c'est !... — Com-
» ment !... Qu'est-ce que c'est donc ?...
» Est-ce que vous la connaissez ? » demande aussitôt Bélan avec curiosité.
« — Non... je ne la connais pas ! mais je
» je sais ce qu'elle est, et...

» — Madame ! » dis-je à mon tour,
« quelle nécessité trouvez-vous donc de
» médire de quelqu'un qui ne vous a
» jamais fait de mal ? — Jamais fait de
» mal !...... Ah ! cela vous plaît à dire,
» monsieur ! Mais je puis au moins trou-
» ver mauvais que M. Leberger invite
» à un bal qu'il nous donne, les maî-
» tresses de ses amis. — Bah !... com-
» ment ! cette petite femme...? — C'est la

» maîtresse de M. Firmin. — On m'avait
» dit que c'était sa femme.

» — C'est sa femme aussi, » dis-je en lançant à Eugénie un regard courroucé. Mais elle continue d'un ton ironique :
« — Non, monsieur Bélan; cette petite
» femme, que vous avez la bonté de
» trouver jolie, n'est pas la femme de
» M. Firmin; et monsieur sait tout cela
» mieux que personne, quoiqu'il vous
» dise le contraire. — Bah ! comment ?...
» est-ce que... ? »

Je n'entends pas ce que dit Bélan; je m'éloigne d'Eugénie. Je ne la croyais pas méchante, mais ce qu'elle vient de faire me révolte. En ce moment, je crois que je la déteste.

On danse, mais il y a déjà beaucoup de monde de parti. Je me promène dans l'atélier. Il me semble voir plusieurs dames chuchoter, se parler bas, et, en même temps, se montrer madame Ernest. Bélan est capable d'avoir été conter à toutes ses connaissances ce que ma femme lui a dit. Pauvre Marguerite! elle est jolie, on est enchanté de pouvoir médire d'elle. Ces dames seraient plus indulgentes si Marguerite était laide.

On ne fait plus qu'un quadrille. L'orchestre donne le signal. Madame Ernest est invitée : son cavalier la place vis-à-vis de ma femme. Je vois aussitôt Eugénie entraîner son cavalier et se mettre ailleurs. Le danseur de madame Ernest la conduit alors vis-à-vis de madame Bélan. La grande Armide en fait autant que ma femme; elle s'éloigne, et va se rasseoir en s'écriant assez haut : « J'aime mieux » ne pas danser. »

Je suis indigné. Je cours prendre la main de la première dame que j'aperçois, sans même me donner le temps de l'inviter. Je l'entraîne, et nous nous plaçons vis-à-vis de madame Ernest et de son cavalier. Ma femme fait alors comme madame Bélan; elle quitte le quadrille en me lançant des regards dont je me soucie fort peu maintenant. Pendant que nous dansons, Ernest s'approche de moi. Il est rouge, ses yeux sont animés. « Mon ami, » me dit-il tout bas, « je vous
» remercie de ce que vous venez de
» faire... je ne l'oublierai pas... — Comment?... — Oh! vous avez fort bien
» vu l'affectation avec laquelle on s'est
» éloigné de devant ma femme..... J'ai
» même entendu quelques mots de la
» grande femme de ce petit monsieur...
» J'ai eu peine à me contenir... — Vous

» vous êtes trompé, Ernest..... — Oh!
» non... On craint de se compromettre
» en dansant vis-à-vis d'une femme qui
» n'est pas mariée!... Cela fait pitié!...
» Si je voulais, moi, fouiller dans la
» conduite de beaucoup de ces dames
» *mariées*, je crois que j'en apprendrais
» de belles!... »

Ernest parle assez haut en regardant avec ironie autour de lui. Je crains qu'on ne l'entende; je crains une scène. Heureusement la contredanse s'achève. La petite Marguerite s'est aperçue aussi que plusieurs dames affectaient de sourire en la regardant. Elle n'est pas à son aise. Elle dit à Ernest, aussitôt après la contredanse :

« — Nous allons partir, n'est-ce pas,
» mon ami? Il est tard; je suis fatiguée.
» — Non, nous ne partirons pas en-

» core, » répond brusquement Ernest.
« Je serais bien fâché de m'en aller à
» présent ; nous resterons les derniers. »

Sa femme n'a pas l'habitude de lui répliquer, et d'ailleurs elle voit bien qu'il a quelque chose. Firmin me prend le bras et m'entraîne. Nous nous promenons dans l'atelier. Je tâche de le distraire de ce qui l'occupe, lorsque Giraud vient à moi en se frottant les mains.

« — On fait des cancans ici, » me dit-il ; « ces Bélan sont mauvais... ah !... —
» Mon cher Giraud, je me soucie peu
» des cancans, et... — Voyez-vous, là
» bas, cette jeune femme en bleu ?... des
» bleuets dans les cheveux ?... »

Giraud me désigne madame Ernest. Je ne lui réponds pas, et veux entraîner Firmin d'un autre côté : mais il me quitte.

le bras et s'approche de Giraud en lu
disant : « Que vous a-t-on conté sur
» cette dame ?..... J'aime beaucoup les
» cancans, moi.

» — On prétend qu'elle n'est pas ma-
» riée; que c'est la maîtresse d'un jeune
» auteur qui est ici, et qui la présente
» partout comme sa femme... »

Je fais en vain, des yeux, des signes à
Giraud ; il ne me regarde plus, et continue de parler à Firmin.

« On trouve très-mauvais que Leber-
» ger l'ait invitée à son bal, parce qu'on
» prétend que ce n'est pas grand'chose ;
» on dit qu'elle a été brodeuse ou ou-
» vrière en dentelles... Quelqu'un a même
» prétendu qu'elle avait été figurante sur
» un théâtre des boulevards...

» — Monsieur, » dit Ernest en prenant le bras de Giraud et le lui serrant

avec force, « allez dire, de ma part, à tous
» ceux qui ont tenu ces propos que ce
» sont des jean-fesses ; que, si cette jeune
» femme n'est pas mariée, elle n'en est
» pas moins estimable ; qu'elle l'est cent
» fois plus que beaucoup d'épouses légi-
» times : et si je disais aux dames qui
» sont ici, ce passage de l'Écriture : *Que*
» *celle d'entre vous qui n'a point péché*
» *lui jette la première pierre*, je crois,
» monsieur, que votre épouse elle-même
» n'oserait pas lapider ma pauvre Mar-
» guerite. »

Giraud est très-embarrassé ; il s'aper-
çoit de la sottise qu'il a commise : il se
confond en excuses. Mais Ernest veut
absolument qu'il lui désigne les personnes qui ont tenu les propos, et l'homme
d'affaires s'empresse de lui montrer Bélan. Ernest se dirige vers le petit homme :

je veux en vain le retenir, il ne m'écoute pas. Je le suis pour tâcher d'arranger l'affaire.

Bélan est en train de présenter un verre d'orgeat à sa femme, Ernest passe brusquement contre lui et le coudoie de manière que le verre et l'orgeat tombent sur la robe de la superbe Armide. Elle pousse un cri; sa belle-mère en pousse deux. Bélan se retourne vers Ernest en murmurant : « Que diable.....
» faites donc attention! »

Ernest se contente de sourire en disant : « C'est bien malheureux! » La grande Armide a vu ce sourire, elle dit à son mari : « Ce monsieur l'a fait ex-
» près; il ne daigne pas même s'en ca-
» cher. » La belle-mère ajoute : « J'es-
» père, M. de Bélan, que cela ne va pas
» se passer ainsi, et que l'on n'aura pas

» gâté la robe de ma fille impunément.
» Il faut que ce monsieur fasse des excu-
» ses, il le faut. »

Bélan est devenu moins bouillant depuis qu'il est marié; cependant il quitte sa femme, et vient à Ernest qui s'est arrêté à quelques pas.

« Monsieur, vous avez gâté la robe de
» ma femme; et je suis étonné que, en
» homme qui sait vivre, vous ne lui en
» demandiez pas au moins pardon. —
» Monsieur, vous avez essayé, vous et
» votre femme, de ternir la réputation
» de la mienne; une robe se lave, mais
» les propos de la médisance ne s'effa-
» cent pas de long-temps : c'est donc à
» vous, monsieur, de me faire des ex-
» cuses. »

Bélan demeure interdit. Je m'empresse de me mettre entre eux. « Mon cher Er-

» nest, » dis-je, « Bélan n'est coupable
» que d'inconséquence ; il n'a fait que
» rapporter ce qu'il a entendu.

» — Certainement, » dit Bélan, « je
» n'ai fait que répéter ce que madame
» Blémont m'avait dit. Je n'ai rien in-
» venté. Malgré cela, monsieur, si vous
» voulez une satisfaction ?...

» — Non, non, Bélan ; Ernest voit
» bien que c'est à moi seul qu'il doit avoir
» affaire, et vous me feriez beaucoup de
» peine en vous mêlant d'une chose qui
» ne regarde que moi. »

Bélan s'est éloigné, il va rejoindre ses dames. Je ne sais ce qu'il leur dit, mais bientôt il part avec elles. En sortant, sa belle-mère lance des regards furibonds à Ernest.

Je suis resté près de celui-ci : il est pensif et ne me dit rien. Je romps le

premier le silence : « Ernest, ma femme
» est cause de tout ce que vous avez
» éprouvé de désagréable ce soir ici. Je
» ne puis vous expliquer les motifs qui
» l'ont fait agir ainsi. Je n'ai pas besoin
» de vous dire que j'ai blâmé sa con-
» duite. Mais cela ne doit pas vous suf-
» fire, et je suis prêt à vous rendre rai-
» son. — Non, mon cher Blémont, nous
» ne nous battrons pas parce que votre
» femme a dit quelques méchancetés ; je
» n'ai pas besoin que vous m'expliquiez
» ses motifs; je les connais parfaitement...
» — Vous les connaissez ?... — Je les de-
» vine du moins. Votre femme est ja-
» louse de Marguerite... — Qui a pu
» vous dire ?..... — Écoutez donc, mon
» cher : on n'est pas auteur sans étudier
» un peu le cœur humain, et surtout le
» cœur féminin !... — Il n'est que trop

» vrai, Ernest : ma femme est horrible-
» ment jalouse de toutes les personnes
» que j'ai connues avant d'être marié ;
» sans cela, ne vous aurais-je pas déjà
» invités, vous et votre femme, à venir
» nous voir ?..... — J'avais deviné tout
» cela !... Je vous plains, mon ami, mais
» je ne vous en veux pas ! — Je vais in-
» viter votre femme pour la contredanse ?
» — Non, cela affligera la vôtre. — Elle
» n'a pas craint de me faire de la peine ;
» et je tiens à prouver, moi, que je ne
» suis pas de moitié dans ses méchans
» propos. »

Je cours inviter madame Ernest pour
la contredanse ; elle accepte en me disant
en riant : « C'est bien heureux que vous
» m'invitiez, monsieur : j'ai cru que vous
» trouviez que je ne dansais pas assez
» bien pour vous.

» Je vais danser en face de vous, » dit Ernest ; « comme ça, je suis certain » que vous aurez un vis-à-vis. »

Les violons partent. Je prends la main de ma danseuse. Il n'y a plus que de quoi former un quadrille. Nos connaissances sont parties. Je cherche des yeux ma femme. Elle est d'une pâleur effrayante : cela me fait de la peine ; je sens toute ma colère s'évanouir : je suis presque fâché de danser maintenant ; mais il ne fallait pas me pousser à bout.

Tout à coup Eugénie se lève et vient à moi. Que va-t-elle faire ?

« Monsieur, je suis indisposée, je » veux m'en aller. — Nous nous en irons » après la contredanse, madame. — Non, » monsieur ; je veux m'en aller sur-le-» champ. »

Marguerite a entendu ma femme ; elle

s'empresse de me dire : « M. Blémont, si
» madame votre épouse est souffrante,
» partez, je vous en prie, ne vous gênez
» pas pour moi!... — Non, madame; j'au-
» rai le plaisir de vous faire danser. Nous
» partirons ensuite.

 » — Comment, monsieur! » dit Eugénie avec ironie, « vous ne venez pas
» quand madame vous le permet!..... —
» Madame, en voilà assez ; pas un mot
» de plus, je vous prie. — Eh bien! mon-
» sieur, il suffit. Je vous laisse... Dansez
» avec cette femme... Faites-en encore vo-
» tre maîtresse, comme lorsqu'elle de-
» meurait sous les toits, dans les mansar-
» des de votre maison : moi je pars..»

Elle est partie en effet; mais madame
Ernest a tout entendu : on a parlé de
manière à se faire entendre. Marguerite
est devenue rouge et pâle tour à tour.

Elle baisse les yeux. Je crois voir des larmes mouiller ses paupières. Mais elle se retourne vivement, essuie ses yeux avec son mouchoir, et s'efforce de reprendre un air riant en regardant son mari.

Je suis atterré et indigné en même temps. Je ne sais plus où j'en suis; et, au milieu de tout cela, il faut danser!

« Eh bien! c'est à vous, » nous crie Ernest. « En avant!... A quoi pensez-vous » donc?... » Heureusement, il n'a rien entendu, lui!

Je profite d'un moment où nous ne figurons pas pour parler bas à ma danseuse.

« Madame, vous avez entendu ce » qu'a dit ma femme; je le vois. Je ne » vous demande pas de lui pardonner:

» elle est inexcusable, la jalousie trouble
» sa raison; mais veuillez croire que je
» suis plus blessé que vous de ce qu'elle
» vient de dire.

» — J'avoue, monsieur Blémont, que
» j'ai été si surprise... si saisie... M'ap-
» peler votre maîtresse!... Grand Dieu!
» qui donc a pu dire que j'avais été votre
» maîtresse? — J'espère que vous ne
» croyez pas que ce soit moi, madame?
» — Oh! non, monsieur!... non!... Mais
» qui a pu dire cela?—Personne ne l'a
» dit, madame. Je vous le répète, la ja-
» lousie peut seule inspirer de telles ca-
» lomnies. — Ma mansarde!... Elle a cru
» me faire honte en me rappelant que
» j'y ai demeuré... Ah! je n'en rougis
» pas! Il y a souvent plus de vertus,
» plus de délicatesse dans les mansardes
» que dans les boudoirs!... Mais quoi!...

» votre femme est jalouse de moi?.. —
» Oui, madame, depuis que j'ai eu le
» malheur de lui parler des soirées que
» j'allais passer près de vous et d'Ernest...
» Si vous saviez combien sa jalousie
» me rend malheureux!... Hélas! les
» beaux jours de notre mariage ont passé
» bien rapidement!... — Ah! monsieur
» Blémont, je vous plains... Je plains
» aussi votre femme, et je lui pardonne...
» car Ernest n'a pas entendu ce qu'elle
» a dit... Mais, je vous en prie, qu'il ne
» sache jamais ce que votre femme a
» dit! — A coup sûr, ce n'est pas moi
» qui le lui dirai. — Ah! je ne voulais
» pas venir à ce bal!... J'aurais bien
» mieux fait de rester chez moi! »

Cette fatale contredanse est terminée
enfin. Tout le monde part. Ernest et
sa femme me disent adieu. Je lis dans

les yeux de celle-ci combien elle est contente de s'en aller.

Ma femme est partie... Qui donc l'a accompagnée?... Serait-elle partie seule?... Ce qu'il y a de certain, c'est qu'elle n'est plus ici.

Leberger vient à moi et me dit : « Vous cherchez votre femme peut-
» être?... Elle s'est trouvée indisposée
» pendant que vous dansiez ; Dulac l'a
» accompagnée... Vous savez? le grand
» Dulac, un de nos amateurs de l'or-
» chestre... — Je ne connais pas ce mon-
» sieur... mais je le remercierai quand je
» je le rencontrerai. — C'est un bon en-
» fant... qui joue joliment du violon... Je
» le menerai à une de vos soirées, si vous
» le voulez... — Volontiers. Adieu, il est
» tard. — C'était gentil, et on s'est amusé,

» n'est-ce pas? — Oui... Oh! je me suis
» beaucoup amusé, moi! »

Je rentre chez moi. Je m'attends à une scène : c'est toujours quelque chose que d'y être préparé. Si ma femme pouvait être couchée et endormie... Non; je l'entends qui va et vient dans le salon. Ah! je rencontre la bonne qui porte des matelas!... Madame se fait faire un lit dans son boudoir. Quel ennui de ne pas trouver la paix chez soi!... d'avoir encore des scènes, des querelles!... Et il n'y a que trois ans et demi que nous sommes mariés!

Allons! il faut affronter l'orage. J'entre dans le salon. Madame est échevelée : elle me fait presque peur. Elle tient sous son nez un flacon de sels.

J'ai la bonté de m'approcher d'elle et de lui demander si elle est malade. On ne me répond pas. Je vais prendre une lumière et m'éloigner, quand madame se lève vivement et vient se placer devant moi.

« Vous avez donc enfin quitté cette
» femme, monsieur ! — Je ne sais pas ce
» que c'est que *cette femme*, madame.
» J'ai dansé avec une personne que
» j'estime, et qui a eu encore la bonté
» de vous pardonner les propos indignes
» que vous avez tenus devant elle. —
» Elle a eu la bonté de me pardonner?...
» En vérité, c'est bien beau de sa part!...
» Mais moi, monsieur, je ne pardonne
» pas à cette dame, que vous *estimez*,
» d'oser danser avec vous devant moi.
» Que son benêt d'amant trouve ça bien,
» c'est digne de lui; mais vous, mon-
» sieur, n'avez-vous pas de honte...?

» — Oui, madame, j'ai éprouvé de la

» honte ce soir, et c'est d'être le mari
» d'une femme qui se conduit comme
» vous l'avez fait! — Quelle horreur!..
» C'est à moi que monsieur fait des repro-
» ches! — Oui, à vous, qui calomniez
» publiquement une femme honnête...
» — Dites une fille, Monsieur. — ...
» Qui rendez le public témoin de votre
» sotte jalousie! — En effet, je suis bien
» sotte d'être jalouse de vous; vous n'en
» valez pas la peine!... — Mais n'espérez
» pas, Madame, que je souffrirai une
» telle conduite!... que vous insulterez
» mes amis, et que je garderai le si-
» lence!... — Vous auriez dû me faire
» une scène devant votre maîtresse, ça
» lui aurait fait plaisir. — Vous n'avez
» pas craint, vous, de m'humilier devant
» le monde; car c'est humilier un homme
» que de le mettre dans la position où

» j'étais à ce bal. — Je n'irai plus avec
» vous, Monsieur. Vous ne direz plus
» alors que je vous fais honte, ou que je
» vous humilie. — Vous ferez bien,
» Madame. Il vaut mieux ne pas aller
» avec son mari, que de se conduire
» comme vous l'avez fait ce soir. — Au
» ton avec lequel vous me parlez, Mon-
» sieur, je vois quelles sont les per-
» sonnes que vous quittez! Vous pro-
» fitez de leurs conseils!... »

Ces paroles achèvent de m'exaspérer. Je me hâte de sortir du salon, et vais m'enfermer dans la chambre à coucher.

CHAPITRE II.

M. DULAC.

Des querelles fréquentes, des raccommodemens rares, voilà donc quelle doit être maintenant notre existence. Après le bal chez Leberger nous avons été un mois entier sans nous parler! Ce mois m'a semblé bien long; j'ai regretté ma vie de garçon, mais plus encore les premiers mois de notre hymen.

Nous nous reparlons enfin. Mais ce n'est plus avec la même expansion de sentiment. Pour la chose la plus légère ma femme s'emporte, se fâche. Lorsque je lui tiens tête, elle a des attaques de nerfs, elle pousse des cris affreux!... Dans les premiers temps de notre mariage, lorsque nous avions une petite querelle, elle pleurait; mais elle ne criait pas, et elle n'avait pas d'attaque de nerfs!

Ma fille a trois ans accomplis. Elle est charmante : ses traits ont la beauté de ceux de sa mère, mais au moins elle ne boude jamais; elle cause, elle raisonne déjà avec moi; je suis fou de ma petite Henriette. Lorsque je suis en brouille avec sa mère, je prends ma fille dans mes bras, je la couvre de baisers; je me dédommage sur elle des caresses que je

ne fais pas à Eugénie : « Tu m'aimeras
» toujours, toi? » dis-je à mon Henriette ; et lorsque sa douce voix me répond : « Oui, papa, toujours, » mon
cœur éprouve un bien-aise qui me fait
souvent oublier mes querelles avec ma
femme.

Lorsque l'hiver ramène l'époque des
soirées et des bals, Leberger nous
amène M. Dulac; c'est un grand jeune
homme brun, assez joli garçon; l'air un
peu fat; mais il ne faut pas toujours s'en
rapporter aux manières que l'on a en
société : pour connaître les gens, il faut
les voir dans leur intérieur. Du reste,
M. Dulac a bon ton, il est assez aimable; on le dit excellent musicien; il a
une fortune indépendante : voilà des
titres suffisans pour être recherché
dans le monde.

M. Dulac paraît flatté de venir chez nous. Il est très-assidu à nos réunions; il vient aussi quelquefois me voir le matin. Il a un léger différend pour une métairie qu'il possède en partage avec un de ses cousins; il me prie d'arranger cette affaire, ce dont je me charge volontiers. Ce jeune homme me témoigne beaucoup d'amitié, et quoique je sache qu'il ne faille pas compter sur les amis de société, je me laisse toujours prendre à l'amitié qu'on a l'air d'avoir pour moi, car je n'en ai jamais feint pour les gens que je n'aimais pas.

Grâce à M. Dulac, on fait plus souvent de la musique chez nous. Ma femme avait presque abandonné son piano; je n'ai pas besoin de dire qu'elle a cessé de me donner des leçons; il faut être bien d'accord avec les gens pour avoir la patience de leur apprendre un instrument. Nous ne sommes pas toujours d'accord, et Eugénie n'est point patiente ; elle a prétendu que je ne l'écoutais pas ; moi j'en ai dit autant pour la peinture, et les pinceaux ont été négligés comme le piano.

Mais M. Dulac, qui joue très-bien du violon, engage ma femme à se remettre à la musique ; moi-même je serais bien aise qu'Eugénie n'oubliât pas un talent qu'elle possédait si bien. Elle cède, parce que les complimens d'un étranger sont bien plus flatteurs que ceux d'un mari ; le piano résonne de nouveau sous ses doigts, et je l'écoute avec plaisir. Elle en jouait si souvent lorsque je lui faisais la cour !

Avec le goût de la musique, Eugénie

prend aussi celui des bals, des soirées, des spectacles, du monde enfin. Nous en voyons beaucoup maintenant; presque tous les jours nous avons des invitations, des dîners; il faut rendre ensuite les politesses que l'on a reçues; nous n'avons pas un jour à nous. Ce n'est pas là l'existence paisible dont nous nous tracions le plan dans les premiers temps de notre mariage. Quant à moi, j'avoue que ce tourbillon continuel m'étourdit; mais cela plaît à ma femme : et si c'est un moyen d'avoir la paix!...

Je gagne assez d'argent pour subvenir au train de vie que nous menons. Eugénie dépense maintenant, à sa toilette, une grande partie de son revenu. Depuis quelque temps elle est devenue bien coquette; cependant elle n'a pas encore vingt-cinq ans, et elle est toujours aussi jolie.

Ce qui m'afflige, c'est qu'au milieu de ses plaisirs ma femme s'occupe peu de sa fille. Il ne manque jamais rien à notre Henriette, on a bien soin d'elle ; mais il me semble que sa mère ne l'embrasse pas assez.

Eugénie aime tendrement sa fille, je n'en saurais douter ; peut-être est-ce parce que je la gâte un peu qu'elle montre plus de sévérité avec elle. Je n'ose le lui reprocher ; en ce moment d'ailleurs j'évite avec soin tout ce qui pourrait lui donner de l'humeur ; elle est de nouveau enceinte, et j'ai reçu cette nouvelle avec la plus vive joie ; je serais si heureux d'avoir un garçon ! Je ne l'aimerais pas plus que ma fille, mais je l'aimerais autant, et par les jouissances qu'un enfant me procure je sens qu'avec deux je doublerais mon bonheur. Aussi je suis aux petits soins près de ma femme; je ne m'aperçois pas cependant qu'elle soit plus aimable pour moi.

Je ne vais que rarement chez Ernest; mais je les sais heureux. Ils ont maintenant deux enfans qu'ils adorent, et Marguerite aime mieux rester près de leurs berceaux que d'aller au bal ou en soirée. Ah ! je l'avoue, je voudrais qu'Eugénie eût les goûts aussi paisibles. Marguerite a toujours la bonté de me demander des nouvelles de ma femme; quant à Ernest, il n'a pas remis les pieds chez nous et je l'approuve.

Depuis long-temps je n'avais pas rencontré Bélan, lorsqu'un matin je le vois entrer dans mon cabinet rouge, haletant, et en nage. Il s'asseoit près de moi et ne me donne pas le temps de l'interroger :

« Je le suis, mon ami, décidément je
» le suis..... J'en suis convaincu mainte-
» nant... C'est une chose bien épouvan-
» table!... bien abominable!...

» — Qu'est-ce que vous êtes donc ? »
dis-je en regardant Bélan s'essuyer le
front. « — Eh parbleu ! est-ce que ça se
» demande!... Je suis cocu!... »

Bélan me dit cela si drôlement, que je
ne puis résister à mon envie de rire. Pendant que j'y cède, Bélan se lève, en murmurant d'un ton pénétré: « Je ne croyais
» pas qu'un ancien ami... qu'un homme
» marié aussi, rirait de mon malheur...

» — Pardon, mon cher Bélan, » dis-je en le forçant à se rasseoir, « pardon...
» Vous ne devez pas me supposer l'in-
» tention de vous blesser..... Mais c'est

» que... vous êtes venu me dire cela si
» brusquement!..... J'ai cru que c'était
» une plaisanterie...— Non, je vous jure
» qu'il n'y a rien de plaisant là dedans...
» Ah Dieu! scélérate d'Armide!..... Une
» femme si bien élevée..... une femme
» noble!... une femme qui ne voulait pas
» que j'ôtasse ma chemise devant elle!...
» Je n'en peux plus, et je suis venu pour
» vous consulter sur ce que je dois faire...
» Vous êtes avocat, vous me guiderez...
» Femme indigne!... — Allons! calmez-
» vous d'abord, Bélan, et ensuite, puis-
» que vous voulez mes conseils, dites-
» moi ce qui vous fait présumer que vo-
» tre femme vous trompe.

» — Je vous ai parlé, mon ami, d'un
» certain marquis qui avait fait jadis la
» cour à ma femme, qui s'est ensuite
» présenté fort honnêtement chez moi...

» Oh ! pour ça, je dois convenir qu'il
» m'accablait d'honnêtetés..... Il venait
» souvent... — C'est vous qui l'y enga-
» giez, m'avez-vous dit ? — Oui, c'est
» vrai, parce que les Giraud s'étaient
» permis des propos... D'ailleurs, est-ce
» que je pouvais présumer... Perfide Ar-
» mide !..... Une femme qui m'a pincé,
» mordu, égratigné la nuit de nos no-
» ces, lorsque j'ai voulu... Vous enten-
» dez ?... — Enfin, mon cher Bélan ?.....
» — Enfin le marquis ne sortait plus de
» chez nous. Il donnait le bras à ma
» femme, la conduisait au spectacle, la
» ramenait du bal, faisait des duo avec
» elle ; il a une très-belle voix, j'en con-
» viens. Tout cela me convenait, c'est
» fort bien. D'ailleurs, je me disais : Ma
» belle-mère est là. Cependant avant-
» hier, étant rentré dans la journée sans

» être attendu, je voulus aller chez ma
» femme; elle était enfermée dans son
» boudoir avec le marquis..... Pourquoi
» faire?... Il n'y a pas de piano dans son
» boudoir. Mon ami, je me suis rappelé
» mes aventures de garçon, tous les maris
» que j'ai trompés ; cela m'a donné
» comme un coup de marteau!..... J'ai
» couru au boudoir, j'ai frappé comme
» un sourd; ma femme m'a ouvert et
» m'a fait une scène... le marquis a paru
» choqué de mon air soupçonneux, je
» me suis cru dans mon tort. Cepen-
» dant... il paraît que, quand une fois ces
» maudites idées vous viennent à l'es-
» prit, elles ne s'en vont pas si vite.....
» J'ai rêvé toute la nuit aux pièces de
» Molière, à *Georges Dandin*, au *Cocu*
» *imaginaire*. J'ai rapproché certaines
» circonstances..... Ah! mon cher Blé-

» mont, c'est une chose cruelle que la
» jalousie!... Vous ne connaissez pas ça,
» vous êtes bien heureux!... Et dire que
» ça m'a pris comme un coup de pisto-
» let!... — Ma femme, mon cher Bélan,
» m'a appris tout ce que ce sentiment
» peut faire souffrir. Mais achevez... —
» Eh bien! hier, je devais dîner en ville;
» ma femme devait dîner chez une de
» ses tantes. Je partis... Je me rappelai
» en route mon aventure avec madame
» Montdidier... vous savez..... avant nos
» mariages... — Oui, je m'en souviens.
» — Elle avait dit aussi qu'elle dînait
» avec une de ses tantes, et c'était moi
» qui étais la tante... Ah! mon ami, je
» crois que ça porte malheur d'en avoir
» tant fait porter aux autres. Bref, j'eus
» l'idée de rentrer chez moi, et d'épier
» ma femme. Je revins, je me postai dans

» une allée, en face de notre porte...
» Cela me rappela encore ma vie de gar-
» çon!..... Au bout de cinq minutes, je
» vis Armide monter en fiacre, dans un
» négligé fort galant. La belle-mère n'é-
» tait pas avec elle, quoique l'on m'eût
» dit qu'elles iraient ensemble. Je suivis
» le fiacre, au risque de me donner une
» fluxion de poitrine..... Il mena ma
» femme sur les boulevards Neufs; ce
» n'était pas du tout le chemin de chez
» sa tante. On s'arrêta devant un trai-
» teur renommé pour ses fritures et ses
» goujons. Armide entre; au bout de
» quelques instans, j'en fais autant; je
» mets cent sous dans la main du garçon;
» et lui ordonne de me dire avec qui
» dîne cette dame. Il me fait si bien le
» portrait du monsieur qui l'attendait,
» que je ne puis méconnaître le mar-

» quis. Il m'indique le cabinet où ils
» sont, au bout du corridor; je cours
» comme un fou....... Je vois la clef
» sur la porte, j'entre comme un fu-
» rieux, et je me trouve devant un ar-
» tilleur de la garde qui folichonnait
» avec une grisette du douzième arron-
» sement.

» L'artilleur trouve très-mauvais que
» je le dérange; je me confonds en ex-
» cuses. Il me dit des sottises; et, pen-
» dant que la donzelle remet son fichu,
» il vient à moi, me prend par les épau-
» les, et me pousse dehors en me disant
» qu'il me reverra après le dessert. Vous
» sentez que je ne me souciais pas d'at-
» tendre l'artilleur. Me retrouvant dans
» le corridor, où il n'y avait plus de clef
» sur les portes, je me mis à crier d'une
» voix de Stentor: Armide, ouvrez-moi!

» Personne n'ouvrit; et le garçon m'ap-
» prit que, pendant que je m'expliquais
» avec le militaire, la dame était repartie
» bien vite avec son monsieur. Mais où
» était-elle?... c'est ce qu'on ne pouvait
» me dire. Je rentrai chez moi; je n'y
» trouvai que ma belle-mère, qui m'ap-
» pela visionnaire; et le soir, aux pre-
» miers mots que je dis à ma femme, elle
» s'enferma dans sa chambre et ne vou-
» lut plus m'ouvrir. Voilà ma situation,
» mon ami; j'ai encore rêvé de *Georges*
» *Dandin*, et je suis venu bien vite ce
» matin vous conter tout cela. »

Bélan a fini de parler. J'ai encore envie de rire, mais je me contiens. « Dans
» tout ce que vous venez de me conter,
» lui dis-je, il y a des présomptions,
» mais il n'y a pas de preuves... — Ah!
» mon cher Blémont, pour nous autres,

» qui avons eu tant d'aventures!... qui
» connaissons tout cela... cela vaut des
» preuves... — Ce garçon a pu se trom-
» per : ce n'était peut-être pas le mar-
» quis; vous ne l'avez pas vu? — Non,
» puisqu'ils étaient partis, et que je n'a-
» vais pas envie d'attendre l'artilleur. —
» Vous n'avez pas agi en homme adroit...
» — C'est vrai... j'ai été en ustuberlu!...
» la tête n'y était plus... — Il faut se
» défier des apparences, mon pauvre
» Bélan. Je puis vous dire cela mieux
» que tout autre... — Bah! est-ce que
» vous avez eu aussi des soupçons sur
» madame... — Moi? oh! jamais! mais
» c'est elle qui en a eu sur moi, et de
» très-mal fondés, je vous le jure. —
» Diable... si j'avais tort... Que me con-
» seillez-vous de faire? — Attendez...
» voyez, examinez... mais avec prudence;

» ou bien demandez franchement à votre
» femme l'explication de sa conduite
» d'hier : tout cela est peut-être fort
» simple, fort innocent. — Dans le fait...
» il serait possible... Ce qu'il y a de cer-
» tain, c'est que j'ai agi comme un en-
» fant. Ce cher Blémont... il me calme
» les sens. Dans le fait, parce qu'un
» jeune homme vient souvent chez nous,
» et qu'il est galant près de notre femme,
» ça ne prouve pas... car enfin, vous,
» vous n'êtes pas jaloux de M. Dulac,
» qu'on voit toujours chez vous, et qui
» donne souvent le bras à madame votre
» épouse... C'est ma belle-mère qui en
» parlait l'autre jour avec ma femme!...
» — Ah! ces dames parlaient de moi?
» — Non; elles parlaient seulement de
» M. Dulac. Armide le trouve très-beau
» garçon. Moi, je ne lui vois rien d'ex-

» traordinaire. On vous citait ensuite ;
» on disait : Voilà un mari qui n'est pas
» jaloux ; à la bonne heure ! M. Dulac est
» le cavalier de sa femme ; il n'a pas l'air
» d'y faire attention : c'est un mari qui
» sait vivre. Et puis ces dames riaient,
» parce que, vous savez, quand les fem-
» mes nous passent en revue, ça n'en finit
» plus... Eh bien ! mon cher, à quoi pen-
» sez-vous donc ?... vous ne m'écoutez
» plus... »

» — Pardonnez-moi... je pensais...
» que le monde remarque des choses...
» auxquelles souvent nous ne faisons
» pas attention, nous, que cela inté-
» resse... — Vous me conseillez d'atten-
» dre, de surveiller et d'être prudent :
» c'est ce que je vais faire... Si j'acqué-
» rais des preuves... oh ! par exemple,
» alors... j'éclaterais... Je serais terrible...

» je serais inflexible... Adieu, mon cher;
» je vous laisse, car je vois que vous êtes
» préoccupé. Au revoir. »

Bélan est parti; je lui ai dit adieu sans avoir envie de rire cette fois. C'est singulier l'effet qu'a produit sur moi ce qu'il vient de me rapporter des propos de sa femme et de sa belle-mère. On remarque que M. Dulac est très-assidu chez moi, très-galant près de ma femme... et moi, je n'avais pas remarqué... C'est que je n'y ai vu aucun mal, tandis que le monde est si méchant!... Et la calomnie est une arme si perfide!... *Figaro* a bien raison : « La calomnie!... toujours » la calomnie!... »

Quoique je sache que ce sont des méchancetés, je passe involontairement en revue la conduite de M. Dulac. Je me rappelle son vif désir de s'introduire chez moi depuis ce bal où il a reconduit ma femme. Je deviens triste, rêveur; j'éprouve un malaise, une inquiétude que je ne connaissais pas encore. Est-ce donc ainsi que nous prend la jalousie?... Ah! quelle folie! à quoi vais-je m'occuper!... C'est ce Bélan qui est venu me troubler avec son malheur conjugal. Que sa femme le trompe, c'est possible, c'est même probable; elle ne l'a jamais aimé; mais mon Eugénie, qui m'aimait tant, qui m'aime toujours, je l'espère... quoique la jalousie ait un peu aigri son caractère. Mais cette jalousie était une preuve d'amour. Elle n'en a plus maintenant... Pourquoi...? Ah! Bélan avait bien besoin de me rapporter ces propos!... Il l'a fait par méchanceté.

Pour me distraire de ces pensées, je quitte mon cabinet. J'entends résonner de piano. Ma femme est au salon : sa vue me fera oublier toutes les folies qui m'ont passé par la tête. J'entre brusquement... M. Dulac est là... assis près de ma femme... bien près même, à ce qu'il me semble. En ce moment, j'avoue que sa présence me fait éprouver une sensation fort désagréable.

Dulac se lève vivement et vient à moi.
« — Bonjour, M. Blémont. J'ai apporté
» à madame une fantaisie délicieuse sur
» un air favori de Rossini. Madame joue
» cela à livre ouvert avec un aplomb...
» un goût... — Oh ! vous me flattez tou-
» jours, M. Dulac. — Non, madame ;
» d'honneur, vous êtes d'une force re-
» marquable. »

Je fais quelques tours dans le salon ; puis je dis à Eugénie : « Pourquoi donc
» Henriette n'est-elle pas ici ? — Parce

»qu'elle joue dans ma chambre sans
»doute. Est-ce que vous croyez, mon-
»sieur, que je puis toujours m'occuper
»d'elle?... Une fille qui aura bientôt
»quatre ans peut jouer seule. »

Je m'asseois pour écouter la musique;
mais, au bout de cinq minutes, ma
femme se trouve fatiguée, et quitte le
piano. M. Dulac cause quelques momens, puis prend congé. Ma femme retourne dans sa chambre, et moi je rentre dans mon cabinet, tout en me disant
que j'ai dû avoir l'air bien bête devant
ce monsieur.

Lorsque je suis seul, je rougis des
soupçons qui m'ont passé par la tête.
Malgré cela, je deviens plus assidu près
de ma femme. Je ne laisse pas à d'autres
le soin de lui donner la main pour aller
en soirée; je l'y conduis moi-même.

Mais comme le terme de sa grossesse approche, Eugénie devient plus sédentaire. Les bals sont abandonnés, les réunions moins fréquentées, la musique même est un peu négligée. Enfin le moment de sa délivrance arrive, et je suis père d'un garçon.

Rien ne peut rendre ma joie, mon ivresse : j'ai un garçon ! Je cours moi-même l'annoncer partout ; et, dans mes visites, je n'oublie pas Ernest et sa femme, car je sais qu'ils prendront part à ma félicité. Ils m'embrassent, me complimentent : ils chérissent leurs enfans, ils comprennent ce que j'éprouve.

Ma mère est marraine de mon fils avec un parent éloigné de ma femme. Je fais nommer mon fils Eugène, et nous le mettons en nourrice à Livry, chez la même paysanne qui a eu notre fille, et qui, par état, a toujours du lait.

Eugénie a paru contente d'avoir un fils, quoique sa joie soit moins expressive que la mienne. Nos connaissances sont venues nous voir : M. Dulac n'a pas été un des derniers. Ce jeune homme a semblé prendre tant de part à ma joie que j'en suis touché. J'ai totalement oublié les idées qui m'étaient passées par la tête il y a quelques mois ; je ne conçois pas même comment j'ai pu un instant douter de la fidélité de mon Eugénie.

Bélan est revenu aussi me voir. Il est maintenant rassuré sur la vertu de son Armide. Sa femme lui a prouvé que c'était pour faire une quête au profit des pauvres qu'elle avait donné un rendez-vous au marquis sur les boulevards neufs; et si elle mettait du mystère dans cette action, c'est parce que sa modestie aurait trop souffert si l'on avait été instruit de tout ce qu'elle faisait pour soulager l'humanité. Bélan s'est humilié devant sa charitable moitié; il va maintenant prôner partout les belles actions de sa femme; il n'a plus peur d'être cocu. Tant mieux pour lui. Je l'en félicite, et le congédie au moment où il semble vouloir me parler encore de M. Dulac. Je fais entendre à Bélan que je n'aime pas les mauvaises langues, et que je saurais très-mauvais gré aux personnes qui chercheraient à troubler la paix de mon ménage.

Non, certainement, je ne serai plus jaloux. Je rougis de l'avoir été un seul instant. Si Eugénie n'est plus avec moi comme elle était dans les premiers mois de notre hymen, c'est qu'il ne nous est pas permis sans doute de goûter toujours un bonheur aussi vif. La jouissance, si elle n'éteint pas entièrement l'amour, lui donne assurément moins de piquant : quand on peut satisfaire ses désirs aussitôt qu'on les forme, on en a moins. Cependant Ernest et Marguerite sont encore ensemble comme deux amans!... Il est vrai qu'ils ne sont pas mariés... Cette idée, que l'un pourrait sur-le-champ quitter l'autre, est-elle donc ce qui empêche leur amour de vieillir?

Rétablie de sa grossesse, Eugénie reprend le goût du monde; elle s'occupe bien peu de sa fille : cela me fait de la peine. Notre Henriette est pourtant charmante! Je passe des heures à causer avec elle, et ces heures-là passeut plus vite que celles où il me faut être en soirées.

Je désire aller voir mon fils à Livry. Ma femme prétend qu'il est encore trop petit, qu'il faut attendre que ses traits soient plus formés : moi je ne veux plus attendre. J'ai hâte d'embrasser mon petit Eugène, je loue un cheval, et un matin je me rends chez la nourrice.

Mon fils me semble charmant; je trouve dans ses traits de ceux de sa mère. Je l'embrasse..... mais je soupire; quelque chose manque à mon bonheur. Je sens que c'est mal à Eugénie de n'avoir pas désiré embrasser aussi son fils!

La nourrice me demande si ma femme est malade. Ces bonnes gens pensent qu'il faut qu'elle soit malade pour ne m'avoir pas accompagné.

« — Oui; elle est indisposée, » dis-je à

la nourrice. « — Oh, ben ! dré qu'alle se
» portera ben, j'sommes ben sûre que
» madame voudra v'nir aussi !... — Oui ;
» nous reviendrons ensemble... »

Je passe plusieurs heures près du berceau de mon fils. En revenant à Paris, je fais des réflexions qui ne sont pas gaies. J'ai beau vouloir excuser Eugénie, je sens que sa conduite n'est pas ce qu'elle devrait être ; et cela m'afflige de lui trouver des torts.

J'arrive chez moi à six heures. Madame n'y est pas ; elle est allée dîner en ville chez madame Dorcelles. C'est une de ses amies de pension qu'elle a retrouvée dans le monde ; une de ces femmes dissipées, coquettes, qui trouvent tout naturel de ne voir leur mari que par hasard, quand on dîne avec lui. Je n'aime pas cette femme-là ; je l'ai dit à

Eugénie, je l'ai priée de ne point trop la fréquenter : et elle va dîner chez elle !

Elle n'a pas emmené sa fille. Ma petite Henriette accourt m'embrasser, me tendre les bras !... Comment Eugénie peut-elle trouver du plaisir loin de sa fille?... Je ne conçois pas cela.

« — Ta maman n'a donc pas voulu
» t'emmener? » dis-je à ma fille en la prenant sur mes genoux. « — Non, papa. —
» As-tu pleuré quand elle est sortie? —
» Oui, papa; j'ai pleuré. — Pauvre pe-
» tite ! tu as pleuré !... et ta mère t'a lais-
» sée ! — Mais maman m'a dit que, si
» j'étais bien sage, elle me rapporterait
» un gâteau : alors je n'ai plus pleuré. —
» Est-il venu du monde voir ta maman
» aujourd'hui? — Ah ! oui; il est venu..
» tu sais bien, ce monsieur qui joue
» de la musique avec maman et qui me

» donne des bonbons ?... — M. Dulac ? —
» Oui — Et... tu es restée près de ta ma-
» man pendant qu'elle faisait de la mu-
» sique ?— Non ; parce que maman trouve
» que je fais trop de bruit ; on m'a en-
» voyée jouer dans la salle avec ma
» poupée. »

J'ai le cœur serré ; je garde pendant long-temps le silence. Il semble que ma petite Henriette devine que j'ai du chagrin : elle me regarde timidement et ne dit plus rien. Je l'embrasse tendrement ; alors elle me sourit de nouveau.

Où sera Eugénie ce soir ?... Cette madame Dorcelles ne reçoit point ; du moins, je crois que ce n'est pas son jour. D'ailleurs, je ne veux pas aller chez elle. Je soupçonne cette femme de donner de très-mauvais conseils à Eugénie. Je pourrais laisser paraître mon humeur... Il vaut mieux ne pas aller chez elle.

Mais pourquoi toujours se contraindre?... pourquoi ne pas dire franchement à sa femme ce que l'on éprouve?... C'est pour avoir la paix... pour éviter les querelles... Mais, pour avoir la paix, doit-on laisser sa femme faire des sottises, commettre au moins des inconséquences? Non; je dirai à Eugénie tout ce que j'ai sur le cœur.

Ces dames sont peut-être au spectacle. Je sors après avoir embrassé mon Henriette, que je recommande à sa bonne. Où irai-je?... à quel théâtre les chercher?... J'entre aux Variétés, au Gymnase, puis à la Porte-Saint-Martin. Là, je me rappelle que j'y ai rencontré Eugénie le lendemain du bal de chez Giraud, où je l'avais vue pour la première fois. Mes yeux se portent sur la loge où elle était ce soir-là... Ah! je voudrais être encore à ce temps!... Combien j'en étais amoureux!... Je l'aime toujours autant! mais elle!...

Avec des souvenirs le temps passe bien vite! Le spectacle a fini sans que je m'en sois aperçu. Je suis distrait de mes pensées parce que je vois tout le monde s'en aller; alors je comprends qu'il faut que j'en fasse autant.

Je retourne chez moi. Au moment d'être devant ma demeure, j'aperçois un monsieur et une dame arrêtés contre la porte : il me semble que c'est ma femme... Je vais me mettre derrière un des arbres du boulevard, d'où je les vois mieux. Oui, c'est ma femme avec M. Dulac... Il a reconduit Eugénie. Mais ils causent bien long-temps ensemble!... Il lui prend la main... il ne la lâche pas... Pourquoi lui tenir la main ainsi?... Quand on tient si long-temps la main à une femme, c'est qu'on veut lui faire la cour. Je me rappelle fort bien que c'est ainsi que je faisais; et cette main, que je retenais dans la mienne, je la serrais tendrement! Il presse celle de ma femme sans doute, et elle ne la retire pas!... Cette idée m'exaspère, je ne puis plus me contenir : je m'avance brusquement..... On a vite quitté la main; on se salue d'un air cérémonieux, puis on s'écrie :

« Ah ! c'est M. Blémont ! Je vous ra-
» menais madame, qui a bien voulu
» accepter mon bras. Bien le bonsoir,
» madame; je vous présente mon hom-
» mage. »

Il a salué, il s'est éloigné; je ne sais pas si je lui ai même répondu.

Je pousse ma femme dans la maison;
nous montons sans nous dire un mot.
Arrivés chez nous, madame entre dans
sa chambre à coucher; je l'y suis.
Je me promène long-temps sans rien
dire. Je veux voir si elle me demandera
des nouvelles de son fils, car elle doit
bien deviner que c'est à Livry que je
suis allé. Mais elle ne dit pas un mot;
elle se contente de mettre ses papillotes.

Je n'y tiens plus. Je m'approche d'elle:
« — Où donc avez vous été aujourd'hui,
» madame ? — Mais où cela m'a fait
» plaisir, monsieur. Il me semble que
» je n'ai pas l'habitude de vous deman-
» der où vous allez, vous ? — Ce ne se-
» rait pas une raison, madame, et j'ai le
» droit de vous demander compte de
» vos actions. — Oh ! le droit !... Moi

» aussi j'avais ce droit-là... Lorsque j'ai
» voulu en faire usage, cela ne m'a pas
» réussi !...— Madame, je ne sais ce que
» vous voulez dire... D'ailleurs, vous ne
» répondez plus à ce que je vous de-
» mande... — J'ai été dîner chez ma-
» dame Dorcelles, ce n'est pas un mys-
» tère : je l'avais dit à la bonne, et je
» pensais que vous viendriez m'y cher-
» cher... — Vous ne pouviez penser
» que j'irais chez une femme que je
» n'aime pas... et vous deviez savoir
» aussi que vous ne me feriez pas plai-
» sir en dînant chez cette madame Dor-
» celles, qui a la réputation d'une co-
» quette et non d'une bonne mère de
» famille. — La réputation !..... Est-ce
» madame Ernest qui vous a dit que
» Laure est une coquette ? — Madame
» Ernest ne parle mal de personne.

» — Elle a ses raisons pour cela. —
» Pour Dieu! laissons là madame Er-
» nest, que je ne vois presque jamais...
» — Oh! cela m'est bien égal à présent.
» — Je le crois, vous avez d'autres
» choses qui vous occupent. — Qu'en-
» tendez-vous par là, monsieur? — Si
» vous me trouviez reconduisant une
» femme comme je viens de vous trou-
» ver avec M. Dulac, je voudrais bien
» savoir ce que vous diriez? — Ah! mon
» Dieu! est-ce que vous seriez jaloux
» par hasard?... vous, monsieur, qui
» trouviez si ridicule que je le sois. —
» Sans être jaloux, madame, je puis
» veiller à ce que vous ne vous expo-
» siez pas aux propos de la médisance.
» — Oh! je vous remercie, monsieur; je
» suis d'âge à savoir me conduire. —
» Eugénie, vous devenez bien singulière:

» je ne sais de qui vous suivez les con-
» seils, car je ne puis supposer que ce soit
» de vous-même que vous agissiez ainsi,
» mais je doute que cette nouvelle ma-
» nière d'être avec moi nous rende heu-
» reux l'un et l'autre... En vérité, je ne
» vous reconnais plus. — Il y a déjà
» long-temps, monsieur, que j'en ai dit
» autant de vous ! — Que vous ne soyez
» plus la même pour moi... je le con-
» çois trop bien... mais avec vos enfans !...
» Vous ne me demandez pas des nou-
» velles de votre fils ? — Est-ce que je
» puis deviner que vous avez été le voir?
» — Vous laissez ici votre petite Hen-
» riette... vous l'abandonnez aux soins
» d'une bonne !... — Lorsqu'on va en
» société, est-ce qu'on peut toujours
» traîner un enfant avec soi ? — *Traî-*
» *ner* !... Ah ! madame, j'aime à croire

» que ce mot ne vient pas de vous;
» c'est probablement madame Dorcelles
» qui vous l'a appris en parlant de ses
» enfans! — C'est sans doute parce que
» Laure est une de mes amies de pen-
» sion que vous ne l'aimez pas et que
» vous en dites du mal; mais je vous
» préviens, monsieur, que cela ne m'em-
» pêchera pas de la voir et d'aller chez
» elle quand cela me fera plaisir. — Si
» je vous le défendais, cependant? — Ce
» serait une raison de plus pour que je
» le fisse. — A merveille, madame! Allez
» de votre côté : j'irai du mien. — Allez
» où vous voudrez; cela m'est bien
» égal!...» Je fais encore un tour dans
la chambre, puis je laisse madame, qui
continue de mettre ses papillotes.

CHAPITRE III.

UN SERVICE DE FEMME.

Six mois se sont écoulés pendant lesquels j'ai cherché le plaisir loin de ma femme. D'abord cette conduite fut le résultat de notre scène le soir où je revenais de Livry; ensuite le dépit, l'amour-propre s'en sont mêlés!... On ne veut pas revenir le premier, surtout lorsqu'on n'a pas de tort à se reprocher. Et pourtant ce genre de vie est bien loin de me plaire; il n'est nullement dans mes goûts. Être obligé de chercher le bonheur loin de sa maison, de son ménage, moi, qui aime encore ma femme et qui chéris mes enfans ! Mais Eugénie !... se conduire ainsi !... Cela lui plaît donc, de ne plus aller avec moi?.. Chaque jour j'espère qu'elle viendra me trouver dans mon cabinet et se jeter dans mes bras... mais j'espère en vain. Alors j'éprouve des accès de colère, de dépit : je me jure de ne plus penser à elle; je sors pour l'oublier, et je rentre en y songeant encore.

Elle ne dira pas que je la gêne en rien, que je l'empêche de faire ses volontés. Je veux lui ôter tout sujet de se plaindre. J'ignore bien souvent où elle va. Mais je ne puis penser qu'Eugénie oublie jamais ce qu'elle se doit et manque à ses devoirs; si cela était, elle mériterait mon mépris et non mon amour. On a donc toujours tort d'être jaloux ; car, ou on l'est sans raison, ou les gens ne méritent pas qu'on s'occupe d'eux.

Malgré ces raisonnemens, que l'on se fait quand on est calme, j'avoue que parfois je songe à M. Dulac. Ce certain soir où il tenait la main d'Eugénie dans les siennes, n'est pas effacé de ma pensée. Mais il y a tant de jeunes gens qui, par habitude, font la cour à toutes les dames, sans que cela tire à conséquence... Je crois que celui-ci est du nombre. Il me semble que, lorsque j'étais garçon, je ne pouvais pas non plus voir une jolie femme sans chercher à lui faire la cour. Au reste, M. Dulac vient moins souvent chez moi. J'ignore s'il reconduit encore Eugénie ; je ne la suis point.

Ernest et sa petite Marguerite sont allés passer la belle saison à la campagne, dans un pays désert où ils ne verront qu'eux et leurs enfans; mais ils ne s'ennuient pas ensemble! Combien j'envie leur bonheur!

Je fuis Bélan; il m'impatiente : un jour, il se croit cocu; le lendemain, il est certain de la fidélité de sa femme. Je ne conçois pas qu'un homme reste ainsi; si j'avais eu la centième partie de ses raisons pour être jaloux, il y a longtemps que je saurais à quoi m'en tenir.

Je n'aime guère plus à me trouver avec les Giraud : leur vue me rappelle trop d'époques de ma vie! Giraud ne me voit pas sans trouver moyen de me glisser un compliment sur ma noce et la somptuosité du souper qui a coupé le bal. Cela m'impatiente d'entendre parler de ce jour-là; il me semble d'ailleurs qu'il y a de la malignité, de la moquerie dans leur manière de me complimenter sur mon bonheur. Peut-être vois-je mal.

En général, le monde m'amuse peu. J'y vais pour m'étourdir, mais je me plais mieux au spectacle; là on fait ce qu'on veut: on écoute, ou l'on pense; j'y ai mené quelquefois ma petite Henriette; elle semble déjà comprendre les pièces; et je suis si heureux quand j'ai ma fille près de moi! Je suis aussi retourné à Livry voir mon fils; mais il n'est pas encore en âge de m'entendre et de me répondre comme sa sœur.

Je vais quelquefois chez ma mère. Je ne lui ai jamais parlé de mes chagrins domestiques: à quoi bon? ce sont de ces choses qu'il faut garder pour soi le plus qu'on peut. Ma mère me dirait que je suis d'âge à savoir diriger ma femme et ma maison. Je ne voudrais pas qu'elle fît la moindre remontrance à sa bru... je sais que les conseils d'une belle-mère sont rarement écoutés. Il vaut donc beaucoup mieux se taire. C'est ce que je fais.

L'hiver est revenu, et avec lui les soirées et les bals. Eugénie veut prendre un jour dans la semaine pour recevoir nos nombreuses connaissances. Je la laisse maîtresse d'inviter qui elle veut. Il y a des momens où je la crois touchée de ma complaisance à satisfaire tous ses désirs; je la vois quelquefois rêveuse, triste, préoccupée; mais je ne la vois pas se rapprocher de moi, quoiqu'elle me montre plus de douceur et d'amitié; au contraire, elle semble me fuir davantage et craindre que je ne lui témoigne de l'amour. Que se passe-t-il donc en elle ?...

Dulac revient bien souvent chez nous. Décidément ce jeune homme m'ennuie. Il me semble qu'il est toujours là entre Eugénie et moi. Mais comment l'éconduire? il est avec moi d'une extrême politesse, avec ma femme d'une grande complaisance... Tout le monde le trouve aimable : il n'y a que moi qui ne suis pas de l'avis de tout le monde.

Madame Dorcelles vient quelquefois chez nous, mais je ne m'aperçois pas que ma femme aille plus souvent chez elle ; au contraire, je crois qu'elle la voit moins : et je lui en sais bon gré. Madame Dorcelles a voulu faire la coquette avec moi; elle m'appelle le sauvage, le misantrope : je la laisse m'appeler comme elle le veut, et ne fais aucupe attention à ses mines et à ses œillades. Il faut avouer que ma femme a là une bien singulière amie.

Je veux essayer de retourner en société avec ma femme. Cela me contrarie que ce Dulac soit presque toujours son cavalier.

Eugénie paraît surprise de ma nouvelle manière d'agir, elle ne me dit rien. Je ne puis voir si cela lui plaît, mais entre elle et M. Dulac j'ai cru remarquer un échange de regards... de coups-d'œil... Ah! si j'en était sûr!... Il me prend des mouvemens de fureur; je reviens bien vite à moi-même, et je me dis que je suis un fou.

On a parlé d'une lanterne magique chez une dame de nos amies qui en possède une fort belle; on pense que cela amusera les enfans, et peut-être les grandes personnes; la soirée est prise pour voir la lanterne magique.

Je conduis ma femme; elle est triste ou plutôt maussade; nous emmenons Henriette, qui se fait une grande joie du spectacle qu'elle va voir, et moi je m'en réjouis pour elle.

Nous trouvons à la réunion les Bélan, les Giraud, et l'inévitable M. Dulac..... Cet homme-là me poursuivra donc partout!... Il faut toujours que, par sa présence, il trouble le plaisir que je me promets... Je commence à le détester...

Après être restés quelque temps dans le salon, on nous invite à passer dans la salle à manger, où la lanterne magique est préparée. La société se rend dans cette salle, où il fait à peine clair, parce qu'il faut que cela soit ainsi pour que la lanterne brille mieux.

Les dames s'asseyent, d'autres restent debout. On rit d'avance de ce qu'on va voir. Quelques-uns de ces messieurs imitent polichinelle ou le diable ; on fait des scènes avant le spectacle. L'obscurité qui règne dans cette salle semble augmenter la gaîté de beaucoup de personnes.

Giraud, qui est près de moi, me dit à l'oreille : « Les scènes les plus drôles ne » seront pas celles de la lanterne... Te- » nez, dans ce coin là-bas,... madame » Bélan est avec M. le marquis... C'est » fort drôle... Pauvre Bélan... Mais il a » bien une figure à ça... »

Ces plaisanteries ne me font plus rire. Je cherche des yeux ma femme, il m'a semblé que M. Dulac n'avait pas quitté le salon où il jouait à l'écarté, et je suis plus tranquille.

Le spectacle commence. Il est encore arrivé du monde, et nous sommes tellement pressés qu'on ne peut bouger.

On nous montre le soleil et la lune, Pierrot et le diable, l'Amour et le sauvage. Le monsieur qui explique fait des discours qui n'en finissent pas. Les enfans poussent des cris de joie; les dames rient beaucoup. Je trouve tout cela bien long; je ne puis bouger de ma place pour me rapprocher de ma femme; et il fait encore plus nuit.

Tout à coup, au beau milieu de son explication, le monsieur pousse trop sa lanterne, elle tombe de dessus la table à terre, les lumières sont alors démasquées, et le jour revient subitement.

Mes yeux se sont sur-le-champ portés sur ma femme. M. Dulac est assis derrière elle, mais elle a un bras qui pend par-dessus sa chaise, et sa main est dans celle de son voisin.

Je fais un mouvement si brusque pour me rapprocher d'Eugénie, que je marche sur les pieds de Giraud qui était contre moi. Il pousse un cri perçant, en disant que je l'ai blessé. Je ne songe pas à m'excuser. Je me fais jour jusqu'à ma femme; déjà son bras ne pend plus en arrière, et M. Dulac est moins près d'elle.

Je ne sais comment je les regarde, Eugénie semble troublée, et M. Dulac assez embarrassé de sa physionomie.

« Prenez votre schall, » dis-je brusquement à ma femme, « appelez votre » fille et partons.

» — Pourquoi donc partir déjà ? » répond Eugénie en me regardant avec

surprise. « Parce que je le veux, ma-
» dame. Allons! point d'observations, et
» dépêchez-vous. »

Le ton dont j'ai dit ces mots est si nouveau pour Eugénie, qu'elle se lève sur-le-champ pour obéir ; d'ailleurs, on pourrait m'entendre lui parler ainsi, et je crois qu'elle n'en a pas envie.

Madame est prête, je tiens la main de ma fille ; nous nous disposons à partir : « Vous vous en allez déjà ? » nous dit la maîtresse de la maison. « Mais ce n'est » pas fini, on va raccommoder la lan- » terne. — Nous ne pouvons rester da- » vantage, » dis-je assez sèchement. — « Je me sens indisposée, » murmure Eugénie. Nous partons.

Je ne dis pas un mot à ma femme pendant la route : notre fille est avec nous. La pauvre enfant! je la prive d'une partie du plaisir qu'elle croyait goûter, et elle n'ose se plaindre.

Lorsque nous sommes rentrés et que sa fille est couchée, Eugénie me dit d'un ton assez aigre : « — Pourrais-je savoir,
» pourquoi vous m'avez emmenée si brus-
» quement de la réunion où nous étions?
» — Pourrais-je savoir, madame, pour-
» quoi votre main était dans celle de
» M. Dulac pendant que l'obscurité ré-
» gnait dans la salle?... — Ma main dans
» celle de M. Dulac.... Vous avez rêvé
» cela! — Non, madame, je n'ai pas rêvé
» cela : je l'ai vu et très-bien vu. — Je
» ne sais pas si, par hasard, en plaisan-
» tant, M. Dulac m'a pris la main... Je
» ne m'en suis pas seulement aperçue!...
» Et c'est pour cela que vous arrivez
» comme un furieux... que vous me
» parlez d'un ton menaçant, comme si

» vous alliez me battre.... que vous me
» faites regarder par toute la société?...
» On n'a jamais vu quelqu'un qui a
» l'usage du monde se conduire comme
» vous l'avez fait ! — Madame, lorsque
» je me crois offensé, le monde m'oc-
» cupe fort peu. Il fut un temps où vous
» pensiez et agissiez de même. Je ne sais
» quel genre de plaisanterie M. Dulac se
» permet avec vous, mais je vous pré-
» viens que cela me déplaît. Je vous en-
» gage à ne plus le souffrir, et à dire à
» ce monsieur de ne point les recom-
» mencer. — Que je parle à ce jeune
» homme de vos sottes idées.... je m'en
» garderai bien!... Cela n'a pas le sens
» commun. — Au reste, lorsque cela me
» conviendra, je ne me gênerai pas pour
» mettre ce monsieur à la porte. — Je
» vous le conseille, mettez ce jeune

» homme à la porte parce qu'il est hon-
» nête, aimable, obligeant avec moi. Il
» ne manquerait plus que cela pour
» vous faire une belle réputation dans
» le monde ! — Prenez garde, madame,
» de m'en faire une qui me plairait en-
» core moins. — Il me semble que ce
» n'est pas la peine de venir avec moi
» pour me faire de telles scènes. Autre-
» fois vous alliez de votre côté, mon-
» sieur, et moi du mien. — Je vous ac-
» compagnerai quand cela me con-
» viendra, madame. Je sais bien que
» ce sera fort ennuyeux pour vous,
» mais j'en suis fâché; et vous n'irez
» nulle part sans moi si je ne le veux
» pas. — Oh ! par exemple, c'est ce que
» nous verrons ! »

Je rentre dans ma chambre. Je ne dors point de la nuit : je vois sans cesse ce jeune homme avec ma femme. Cependant ce qu'Eugénie m'a dit est assez probable, cela peut être vrai..... Mais mille autres circonstances, que je me rappelle maintenant, raniment mes soupçons lorsque je voudrais les éloigner. Si elle me trompait!... A cette pensée un frisson parcourt tout mon être, et, depuis hier au soir, j'ai toujours un poids énorme qui m'oppresse, qui m'étouffe. Quel supplice!... Je veux savoir... je veux m'assurer si je suis trompé. M'en assurer!... ce n'est pas facile! Les femmes savent si bien prendre leurs précautions!... pas toujours cependant... Celles qui n'ont pas l'habitude des intrigues peuvent se laisser surprendre. Me voilà donc jaloux!... mari jaloux!... moi, qui me suis si souvent moqué d'eux... qui en ai tant trompé!... mon tour est arrivé!.... Et si j'étais..... Ah! je ne sais pas ce que je ferais! Autrefois je riais de ce mot... je trouvais cela tout simple, tout naturel!... Nous ne nous mettons jamais à la place de ceux dont nous rions. Il est vrai qu'il y en a qui prennent cela avec tant d'indifférence... d'autres qui en plaisantent... Ces maris-là n'aiment plus leur femme. Mais les plus sages, les plus raisonnables ne cherchent point à s'assurer de ce qu'ils sont... Bien au contraire, ils évitent avec soin tout ce qui pourrait, en les éclairant, détruire leur tranquillité. Ah! ils ont bien raison ceux qui agissent ainsi!... Pourquoi donc ne pas faire comme eux?

Après cette nuit si longue, si pénible, je me suis retiré dans mon cabinet, et je cherche dans mes occupations une distraction à mes pensées. Il n'est pas encore dix heures, lorsque je vois arriver Bélan : rien en ce moment ne pouvait m'être plus désagréable que sa présence. Il se jette dans un fauteuil en disant : « Cette fois, mon cher, je n'en » saurais encore douter... je suis cocu ! »

A ce début, je me lève vivement de mon siége et me promène dans la chambre, en m'écriant avec humeur : « Eh » morbleu, monsieur, depuis le temps » que vous le dites, ce serait bien étonnant si vous ne l'étiez pas ! »

Bélan ouvre de grands yeux en murmurant : « — Si ce sont là les conseils que vous me donnez !... Ah ! c'est » là votre avis ? — Je n'ai ni avis ni conseils à vous donner... Il y a des circonstances où l'on n'en doit prendre que » de soi-même. Ce que je ne conçois » pas, c'est que l'on aille tambouriner sa

» honte comme vous le faites! — Tam-
» bouriner!... Qu'est-ce à dire, s'il vous
» plaît?... Parce que je viens me confier
» à un ami... vous appelez cela tambou-
» riner!... Écoutez donc! je ne me sou-
» cie pas d'être cocu, moi; chacun a sa
» manière de voir. Je sais fort bien qu'il
» y a des maris auxquels cela est égal...
» qui laissent leur femme aller avec leur
» galant, et n'ont pas l'air d'y faire atten-
» tion... »

J'écoutais Bélan avec impatience; en ce moment je ne puis plus me contenir; je saute sur lui, je le prends au collet et le secoue avec violence en m'écriant :
« Est-ce pour moi que vous venez de
» dire cela, monsieur? Prétendez-vous
» m'insulter et me mettre au rang de ces
» maris complaisans dont vous parlez?...
» Morbleu! M. Bélan, je ne suis point

» d'humeur à endurer rien sur ce cha-
» pitre. »

Le pauvre petit homme s'est laissé se-
couer sans pouvoir se défendre, tant il
est étourdi de mon action. Enfin il s'écrie
en me regardant avec effroi : « Blémont...
» mon ami! qu'est-ce que vous avez?...
» Certainement vous êtes malade... vous
» n'êtes pas dans votre état naturel! »

Je lâche son collet, et, honteux de ma
colère, je vais me jeter sur un siége en
balbutiant : « Ah! oui... je ne suis pas
» bien... Il m'avait semblé que vous
» aviez voulu m'insulter... mais...

» — Moi, vouloir insulter un ancien
» ami... quand je viens lui confier mes
» malheurs domestiques... Vous me faites
» de la peine, Blémont, vous m'affectez...
» Au reste, si vous pensez vraiment que
» j'ai voulu plaisanter sur vous... d'abord

» je ne savais pas s'il y avait à plaisanter
» sur vous... Enfin, si vous voulez une
» réparation... vous savez que je ne suis
» pas un gaillard à reculer, j'ai fait mes
» preuves... J'ai évité l'artilleur, c'est
» vrai, mais on ne se bat pas avec un
» inconnu; avec un ami c'est bien
» différent. »

Je tends la main à Bélan, en lui disant : « Je vous le répète, je ne sais ce
» que j'avais... Nous battre tous deux!..
» non, non, mon cher Bélan, oublions
» cela. »

Bélan me serre fortement la main en
me répondant : « Oublions cela, c'est
» aussi mon avis... et donnons-nous la
» main... Ah! mon cher ami... je crois
» que nous pouvons nous donner la
» main... cordialement. Je vous laisse,
» puisque vous êtes préoccupé et que

» vous avez des pensées... désagréables...
» Perfide Armide..., trompeuse Armide,
» Pope a bien raison!..., Avez-vous lu
» Pope, mon ami? — Je ne sais... Je crois
» que oui. — C'est que si je l'avais lu
» plus tôt, moi, j'y aurais regardé à deux
» fois avant de me marier. Vous rappe-
» lez-vous ce qu'il dit des femmes? —
» Non. — Eh bien il dit que : *Toute*
» *femme a le cœur libertin.* Que pen-
» sez-vous de cela? — Je pense que ce
» n'est pas honnête. — Mais, moi, je
» crains que cela ne soit vrai... Ainsi
» Armide a le cœur libertin, votre épouse
» a aussi le cœur... — Pour Dieu, Bélan,
» laissons ce sujet. — Oui, je vous con-
» terai mes nouvelles découvertes une
» autre fois... Oh! ces femmes! sont-elles
» subtiles!... mais vous savez cela comme
» moi... Au revoir, mon cher ami. »

Il a bien fait de s'en aller; j'ai été encore sur le point de lui sauter au collet. Est-ce que je ne pourrai plus entendre parler de maris trompés, de femmes infidèles sans me mettre en fureur? Ah! il faut absolument que je prenne sur moi, que j'aie du sang-froid, de la raison. Mais il faut aussi que je sache à quoi m'en tenir sur la liaison qui existe entre Eugénie et M. Dulac.

Nous ne nous parlons plus Eugénie et moi que pour nous dire des choses amères, des mots piquans; le plus souvent nous ne nous disons rien. Malgré cela j'accompagne ma femme partout, je ne veux plus qu'elle sorte sans moi. Mais dans le monde je porte cet air triste, pensif, qui empêche d'être aimable, car nous rencontrons M. Dulac dans presque toutes les réunions où nous allons. Si je joue, je ne suis point à mon jeu, je cherche des yeux ma femme; je veux voir si on lui parle, si on est près d'elle. Si c'est elle qui joue, je m'asseois à son côté de crainte qu'un autre ne vienne s'y mettre. Si elle danse, et que se soit avec M. Dulac, je la force à quitter brusquement le bal et elle n'ose me résister, car elle lit dans mes yeux que je lui ferais une scène devant toute la société. Je suis sûr que le monde me trouve maussade, grondeur, jaloux, et que l'on dit en parlant d'Eugénie : « Pauvre petite femme! son mari » la rend bien malheureuse! C'est un » tyran, c'est un vilain homme. » Oui, le monde doit dire cela de moi maintenant, car c'est presque toujours sur les apparences que le monde juge!

Ce n'est qu'en embrassant ma fille que

j'éprouve un instant de bonheur. Chère enfant ! s'il me fallait être privé de tes caresses, que me resterait-il sur la terre... Ton frère est encore trop jeune pour me comprendre ; mais toi, il semble que tu lises ma tristesse dans mes yeux, et que tu veuilles alors par tes douces paroles me distraire de mes chagrins.

Un matin, fatigué d'une nuit sans sommeil, fatigué surtout de mes pensées, je m'habille, et contre mon ordinaire qui est de rester dans mon cabinet jusqu'à dix heures, je sors avant que huit heures aient sonné.

Le hasard, ma destinée peut-être, me font porter mes pas du côté du boulevard du Temple. Il me prend d'abord envie d'aller voir ma mère... mais je réfléchis qu'il est beaucoup trop tôt... elle ne se lève guère avant dix heures. Je pense que je ferai mieux d'aller chez mes amis de la rue du Temple; il y a plus de six mois que je ne les ai vus. Je me rends à la demeure d'Ernest; on m'apprend qu'il a déménagé et qu'il demeure à présent boulevard Saint-Martin.

Je vais m'y rendre, lorsqu'une femme en bonnet, en camisolle du matin, et tenant à sa main une boîte au lait, me fait un petit salut en passant près de moi.

Je me retourne... c'est Lucile. Je ne l'avais pas rencontrée depuis le jour où ma femme nous a surpris sur la terrasse des Feuillans. Elle s'est retournée et arrêtée; elle me sourit. Comme je ne crains plus que ma femme me guette, je vais dire bonjour à Lucile.

Cette fois ce n'est pas aux Tuileries

» que nous nous trouvons!...—Non... il
» s'est passé du temps depuis!.. Me trou-
» vez-vous changée?...—Mais non... vous
» êtes toujours jolie...—Ah! que monsieur
» est galant aujourd'hui!... Moi, j'avoue
» que je vous trouve pâli, maigri... Le
» mariage ne vous a pas trop bien réussi,
» à ce qu'il me semble. — Peut-être....
» Vous demeurez donc par ici mainte-
» nant? — Oui... là... dans la rue Basse
» du Temple, et je viens de chercher
» mon lait... Que voulez-vous, je de-
» viens économe, je n'ai plus de femme
» de chambre!.. Voulez-vous venir dé-
» jeuner avec moi? je vous donnerai du
» café...— Non... je ne puis, il faut que
» je rentre.— Est-ce que vous avez en-
» core peur d'être grondé, suivi par
» votre femme?— Oh! non, je vous as-
» sure.— Je le crois... elle a autre chose

» à faire qu'à vous suivre!... Ah! ah! ah!
» ce pauvre Henri!... »

Lucile rit, je sens déjà le feu qui me monte au visage; cependant je me promets de me contenir.

« Qu'avez-vous à rire? Lucile, il me
» semble que si ma femme a beaucoup
» de choses à faire, ce n'est pas vous
» qui pouvez le savoir. — Je le sais peut-
» être mieux que vous... Je suis plus ins-
» truite que vous ne le pensez. — D'abord,
» vous ne connaissez pas ma femme...—
» Je ne la connais pas!.. Je l'avais vue
» une fois sur la terrasse des Feuillans,
» et une fois me suffit, à moi, pour
» connaître les personnes: je vous ré-
» ponds que je l'ai fort bien reconnue
» depuis... et que je ne me suis pas
» trompée. — Qu'est-ce que tout cela
» veut dire? — Cela veut dire que votre

» femme fait ses farces tout comme les
» autres!.. Parbleu! ne vous êtes-vous
» pas cru privilégié!... Non, monsieur,
» on vous en fait porter, et très-joli-
» ment encore! »

Je m'efforce de dissimuler les tourmens que j'éprouve, en répondant à
Lucile : « Vous êtes bien aise de me dire
» des méchancetés... c'est votre habi-
» tude. Mais vous seriez bien embar-
» rassée pour me prouver les calomnies
» que vous débitez sur ma femme.

» — Les calomnies!... Non, monsieur,
» je ne fais point de calomnies... Votre
» femme m'a fait l'effet d'une chipie la
» première fois que je l'ai vue ; mais je
» n'aurais rien dit sur son compte si je
» n'avais été sûre de mon fait. Je ne
» puis pas dire que je suis fâchée que
» votre femme ait des amans!... je men-

» tirais si je disais cela... mais enfin ce
» n'est pas moi qui lui ai dit de vous
» faire cornard : elle n'a pas eu besoin
» de mes avis pour cela.

» — Lucile, c'en est trop !... Vous me
» prouverez ce que vous venez de me
» dire, et sur-le-champ... — Oh! comme
» monsieur est pressé! je ne me presse
» jamais, moi... Si vous voulez que je
» vous réponde, vous allez d'abord venir
» chez moi ; il faut que je prenne mon
» café... j'ai faim. »

Lucile se dirige vers sa demeure; je la suis en me disant à chaque instant : « Contenons-nous... soyons homme; et, » si elle m'a dit vrai, tâchons encore d'a- » gir avec ma raison. »

Lucile est entrée dans une maison à allée qui est près de la rue de Crussol. Elle monte au troisième, ouvre sa porte;

j'entre dans un appartement meublé modestement, mais bien tenu. Lucile s'approche de sa cheminée, souffle son feu, et se dispose à faire son café. Je lui prends le bras et l'arrête : « Lucile, me » laisserez-vous souffrir plus long-» temps?... Je vous en supplie, dites-» moi tout ce que vous savez sur ma » femme. »

Lucile me regarde; elle paraît chagrine. « — Mon Dieu ! Henri, dans quel » état vous voilà !... Si j'avais su que cela » vous fît tant d'effet, je ne vous l'aurais » pas dit... Que c'est bête, de se chagri-» ner pour si peu de choses ! Votre » femme va de son côté, vous du vôtre... » n'est-ce pas l'usage? Vous avez bien » peu de philosophie !

» — J'en aurai quand je serai cer-» tain de mon sort. Encore une fois,

» parlez! — Eh bien! tenez... venez à la
» fenêtre... Voyez-vous là-bas cette pe-
» tite porte basse? — Oui. — C'est l'en-
» trée de derrière d'une maison de trai-
» teur... café... où il y a des cabinets...
» vous savez? de ces maisons à rendez-
» vous. — Je vous comprends. — En
» entrant par là on n'est pas vu, on ne
» va pas dans le café. On monte sur-le-
» champ un escalier; une sonnette aver-
» tit un garçon, qui vient vous ouvrir
» un cabinet... Oh! c'est très-commode...
» J'y allais souvent autrefois. — En-
» fin? — Eh bien! votre femme va là
» retrouver son amant. — Ma femme!...
» C'est faux! — Oh! je l'ai fort bien re-
» connue, quoique, le plus souvent, elle
» vienne en fiacre et se fasse descen-
» dre à deux pas. Elle était cachée par
» un grand chapeau, enveloppée dans

»son schall; mais d'abord j'avais re-
»marqué sa tournure : je l'ai guettée....
»Ça m'amuse de guetter les amans qui
» vont là. Je n'ai rien à faire, ça m'oc-
» cupe!... Oui, je suis sûre que c'est elle.
» Elle n'y est pas venue une fois, mais
» dix au moins. — Et à quelle heure va-
» t-elle là? — Il n'est ordinairement que
» sept heures et quart..... sept heures et
» demie quand elle arrive; elle y reste
» une heure environ. — Quel mensonge !
» ma femme ne se lève jamais avant neuf
» heures! — Vous le croyez, mon cher
» ami!... Vous vous figurez qu'on dort!...
» Et si je vous disais qu'elle est en face
» maintenant ? — Maintenant!... — Oui...
» Une demi-heure avant de vous ren-
» contrer, je l'avais vue entrer. Restez
» contre la fenêtre : vous verrez arriver
» un fiacre qu'on enverra chercher, puis

» madame monter dedans, et le monsieur
» s'en va cinq minutes plus tard..... Je
» connais l'ordre et la marche. — Cet
» homme..... comment est-il ? — Il est
» jeune, grand, brun... Oh ! il est bien !
» c'est une justice à rendre à votre
» femme. »

J'ai pris mon chapeau ; je cours vers la porte. Lucile court se mettre devant moi.

« — Où allez-vous ? — M'assurer que
» ce sont eux. — Vous allez faire du
» bruit... une scène... Y pensez-vous ?—
» — Non... vous ne me connaissez pas !
» Certain de mon malheur, je serai
» calme... mais je veux les voir... Lucile,
» laissez-moi sortir ! je le veux. — Eh
» bien ! à condition que j'irai avec vous...
» Je connais cette maison, je vous gui-
» derai... vous conduirai... Mais vous me
» promettez... — Allons ! venez. »

Lucile met un chapeau, elle jette un schall sur ses épaules ; nous descendons... Nous sommes bientôt en face. Nous ouvrons une petite barrière de bois, qui fait résonner une sonnette... Nous montons un petit escalier. Lucile me tient la main ; elle marche devant moi. Mon cœur bat avec une telle violence que je suis forcé de m'arrêter pour retrouver ma respiration.

Nous arrivons dans une cour. Un garçon nous attend sous un vestibule, et monte un escalier devant nous. Arrivés en haut, je l'arrête :

« Vous avez ici un homme et une » dame ? »

Le garçon me regarde et ne sait s'il doit répondre. Je lui mets vingt francs dans la main, et lui renouvelle ma question en faisant le portrait des deux personnes.

« Oh! monsieur, je sais qui vous voulez dire!... D'ailleurs, à cette heure-ci, nous n'avons qu'eux ordinairement. Ils sont là... sur le devant... — Ouvrez-nous à côté d'eux... »

Le garçon nous ouvre une grande chambre. Comment les voir?... Si ce n'était qu'une cloison!... mais ce sont des murs... N'importe! je la verrai au moins sortir. Le garçon a l'ordre de me prévenir quand on enverra chercher le fiacre.

Quelle situation!..... être là... près de sa femme, tandis qu'elle est dans les bras de son amant! J'ai envie d'enfoncer la porte... Non... non... je veux être maître de moi... je le veux pour mes enfans.....
Mais si ce n'était pas elle!... J'écoute près

du mur... J'entends quelque bruit et ne puis distinguer. Lucile va doucement ouvrir notre porte, et me montre celle d'à côté en me disant : « Tu pourras » mieux entendre là. »

Je vais, en marchant avec précaution, me coller contre leur porte. Oui... j'entends fort bien... ils s'embrassent!... et je distingue ces mots : « A présent il faut » que je parte... Je veux être dans ma » chambre avant que monsieur ne sorte » de son cabinet. »

C'est elle!... c'est bien elle qui est là!... Cette voix a pénétré jusqu'à mon cœur : elle a bouleversé tout mon être.

Je suis retourné près de Lucile. Je ne sais ce qui s'est passé en moi et quelle est l'expression de ma physionomie, mais Lucile se jette à mes genoux en pleurant et en balbutiant:

« Pardonnez-moi !..... ah ! pardonnez-moi !... Mon Dieu ! si j'avais su ! Oh ! que je suis donc fâchée de ce que j'ai fait ! »

Je ne lui réponds pas. Je ne puis plus parler. On sonne à côté; j'écoute.

Le garçon monte, on lui demande un fiacre. J'ai reconnu cette fois la voix de Dulac. Je m'arrache la poitrine, mais je me contiens. Le garçon revient m'avertir lorsque le fiacre est en bas. Alors je sors du cabinet, et j'attends au bas de l'escalier.

Elle descend enfin... J'entends le froissement de sa robe. Elle touche la dernière marche, lorsque je me présente tout à coup devant elle et l'arrête par le bras. Eugénie a levé les yeux, et, saisie d'épouvante, elle tombe sans pousser un cri sur les marches de l'escalier.

Je la relève, l'emporte, la monte ou plutôt la jette dans la voiture; je donne l'adresse au cocher, puis je m'éloigne à grands pas et comme si je ne pouvais fuir assez vite cette maison où je viens d'acquérir la preuve de ma honte.

CHAPITRE IV.

SUITE INÉVITABLE.

J'ai marché long-temps; épuisé de fatigue, je m'arrête enfin. Je suis dans des champs, dans un lieu bordé de haies : je ne vois point de maisons. Je ne sais où je suis; mais que m'importe? Je vais m'asseoir sur la terre, au pied d'un arbre dépouillé de ses feuilles; car la nature est morte encore, et il n'y a point de verdure autour de moi.

SUITE INÉVITABLE.

Je suis seul; j'appuie mon front dans mes mains, et je m'abandonne à ma douleur... à mon désespoir... pourquoi ne pas l'avouer? je verse des larmes; oui, je pleure : car personne ne peut me voir, et il me semble que j'éprouve quelque soulagement à pleurer.

Ce n'est pas son amour seul que je regrette, c'est tout mon bonheur, tout mon avenir détruit. Mon bonheur!.. depuis quelque temps il avait cessé; mais je me flattais toujours qu'il renaîtrait : j'espérais encore ces jours si doux de confiance et d'amour qui avaient suivi notre hymen. Tout est perdu!... et il est impossible que ce bonheur renaisse jamais pour moi : impossible!... ah! ce mot est cruel, je ne puis concevoir qu'Eugénie ait pu me condamner à d'éternelles douleurs.

Et cependant! il est bien des maris qui pardonnent ou qui ferment les yeux sur les infidélités de leur femme. Ils les trompent eux-mêmes, et trouvent naturel qu'elles en fassent autant. Ah! lors même que j'aurais mille fois trompé Eugénie, je n'aurais pu supporter la pensée de l'être. Encore, si, en cédant à leur faiblesse, elles ne cessaient pas de nous aimer!.... mais un sentiment nouveau tue un ancien;.... à mesure qu'elles en aiment un autre, nous devenons moins aimables à leurs yeux, et bientôt leur cœur est tout entier à leur nouvelle passion.

Je ne la verrai plus... nous nous séparerons... mais sans bruit, sans éclat... J'ai des enfans, c'est pour eux que je saurai dissimuler ma honte : c'est pour eux que ce matin j'ai été maître de moi.

J'aurais pu aller frapper Dulac ; un duel s'en serait suivi ; mais, d'après les propos que l'on tenait déjà, tout le monde aurait deviné les causes, les motifs de ce duel. Je trouverai un autre moyen de satisfaire ma vengeance sans que mon déshonneur soit avéré aux yeux de la société.

Je me lève. Il y a des momens où l'entraînement de mes idées m'a distrait de mon malheur même et redonné du courage ; mais l'instant d'après les raisonnemens s'évanouissent : je songe à tout ce que j'ai perdu. Je me revois seul sur la terre, lorsque je croyais y être aimé de celle que j'adorais ; je vois tous mes projets détruits, tous mes rêves dissipés. Alors mon cœur se brise, mes yeux se remplissent encore de larmes. Je suis comme quelqu'un qui essaie à sortir d'un précipice, mais qui, après quelques efforts, retombe sans cesse au fond.

Je me remets en marche: Je vois devant moi des maisons. Un paysan m'apprend que je suis à Montreuil. Je regarde à ma montre... il n'est que midi... Mon Dieu! comme le temps va me sembler long maintenant!

J'entre chez une espèce de traiteur. Je n'ai pas faim, mais je voudrais trouver moyen d'abréger cette journée; je ne voudrais pas encore rentrer à Paris. Il me semble que tout le monde va lire mon malheur sur mon visage; mais c'est surtout chez moi que je crains de retourner. J'espère bien cependant que je ne l'y trouverai plus. Sa fortune lui suffira pour vivre dans l'aisance; qu'elle parte, mais qu'elle me laisse mes enfans, je les veux : j'ai bien, je crois, le droit de les séparer de leur mère. D'ailleurs, ce ne sera pas une grande privation pour elle. Elle ne savait pas aimer ses enfans; en vérité, elle ne mérite pas que je la regrette.

Je voudrais essayer de manger : il m'est impossible d'avaler. Je paie et sors. Je marche encore, puis je consulte ma montre... le temps ne va pas... il faut cependant retourner à Paris. J'y arrive à trois heures.

Si elle était encore chez moi... Je sens que je ne saurais supporter sa présence... Je m'en assurerai avant de rentrer.

Cela me fait mal de revoir ces boulevards, plus mal encore lorsque je revois ma demeure. Je regarde nos fenêtres... Elle se mettait là quelquefois... elle me regardait, me souriait... Pourquoi n'y est-elle pas encore?...Ah! si tout cela pouvait n'être qu'un rêve,... que je serais heureux!... que je serais soulagé!... Mais non, ce n'est que trop vrai... je n'ai plus de femme!... il n'y a plus d'Eugénie pour moi!... Que lui avais-je donc fait pour me rendre si malheureux?

Insensé que je suis! je verse encore des larmes, et je suis à Paris, au milieu de ce monde qui rirait de moi s'il connaissait la cause de ma douleur. Encore une fois, soyons homme, du moins devant les autres.

J'entre, et vais à mon portier : « Ma-
» dame est-elle à la maison? — Non,
» monsieur; madame est partie sur les
» dix heures, en voiture, avec des car-
» tons, des paquets, et puis mademoi-
» selle sa fille.

« — Ma fille !... Elle a emmené ma fille ?
» — Oui, monsieur. Ça m'a fait l'effet
» que madame partait pour la campa-
» gne. Est-ce que monsieur ne le savait
» pas ?... »

Je n'écoute plus le portier. Je monte, je sonne avec violence. La bonne vient m'ouvrir. Cette pauvre fille devient tremblante en me voyant.

« Votre maîtresse est partie ? — Oui,
» monsieur ;... madame a dit qu'elle al-
» lait à la campagne... D'abord, quand
» madame est revenue du bain, elle
» avait l'air bien malade...— Du bain ?...
» — Oui, monsieur ; madame était sor-
» tie ce matin de très-bonne heure pour
» aller au bain. — Elle y allait souvent,
» au bain ? — Mais, monsieur, oui ;...
» assez souvent, depuis quelque temps.
» — Pourquoi ne me l'aviez-vous jamais

6*

» dit ? — Madame... me l'avait défendu.
» — Eh bien! enfin? — D'abord, ma-
» dame s'est renfermée long-temps dans
» sa chambre; et puis elle m'a appelée,
» m'a fait faire des paquets, en me di-
» sant de me dépêcher; et puis elle m'a
» dit d'aller chercher une voiture; elle
» a fait descendre les paquets; ensuite
» elle est partie avec sa fille, en me
» disant : Vous remettrez cette lettre
» à monsieur. — Une lettre... où est-elle?
» — Je l'ai mise sur votre bureau, mon-
» sieur. »

Je cours dans mon cabinet. La voilà, cette lettre... Que peut-elle m'écrire?... Je brise le cachet... Je cherche des traces de larmes sur le papier... mais il n'y en a point. Elle m'a quitté, quitté pour toujours, sans répandre une larme!... Mon cœur se révolte. Ah! si le ciel est juste, un jour viendra où je pourrai lui en faire verser d'aussi amères que celles que j'ai répandues. Lisons.

« Monsieur, je vous ai trompé. Je
» pourrais peut-être le nier encore; mais
» je veux être plus franche que vous ne
» l'avez été avec moi. Je suis coupable,
» je le sais. Mais sans votre exemple je
» ne l'aurais jamais été. Et quoiqu'aux
» yeux de la loi je sois beaucoup plus
» criminelle que vous, moi je ne me
» juge pas ainsi. Nous ne pouvons plus
» demeurer ensemble; je le sens. D'ail-
» leurs, je crois que ce sera un bien
» pour tous deux. Je garderai ma fille;
» vous garderez votre fils. Ma fortune
» me suffira, et je n'aurai jamais besoin
» d'avoir recours à la vôtre. Adieu, mon-
» sieur; croyez pourtant que je fais des
» vœux sincères pour votre bonheur.
   » Eugénie. »

Quelle lettre !... Pas un mot de regret... pas une expression de repentir. Ah! tant mieux ! cela me donne du courage. Mais ma fille, mon Henriette... il faudrait vivre sans la voir, sans l'embrasser tous les jours !... Quelle cruauté !... Eugénie sait à quel point je chéris ma fille, et elle l'emmène... Ce n'est pas par tendresse maternelle... Non, elle ne sait pas aimer ses enfans... C'est donc pour me rendre encore plus malheureux !... Henriette... chère enfant... tu ne viendras plus, tous les matins, t'asseoir sur mes genoux ; je ne passerai plus ma main dans ta blonde chevelure, en appuyant ta tête contre ma poitrine; et en cessant de me voir, tu cesseras peut-être de m'aimer.

Je me jette sur un siége ; j'appuie ma tête sur mon bureau ; je ne sais combien de temps je reste ainsi.

J'entends la bonne. Cette pauvre fille est derrière moi ; elle me parle, depuis long-temps peut-être.

« Que me voulez-vous ? — Est-ce que
» monsieur ne dînera pas ?... il est plus
» de six heures. C'est pour cela que j'ai
» osé... Je craignais que monsieur ne fût
» incommodé. — Non... merci... je ne
» dînerai pas... Mais que disait ma fille ?
» en partant... que faisait-elle... cette
» pauvre petite ? — Dame ! monsieur,
» elle voulait emporter sa poupée : sa
» maman n'a pas voulu ; elle lui a dit
» qu'elle lui en acheterait une autre...
» — C'est là tout ? — Et puis mamzelle
» Henriette a dit : Pourquoi donc n'at-
» tendons-nous pas papa pour aller en
» voiture ? — Chère enfant, elle a pensé
» à moi ! »

Ces mots me font du bien. Je reviens

à moi. Eugénie ne m'a pas dit où elle va, mais je le saurai par son banquier. Il faudra bien que je le sache ; et nous verrons si elle refusera de me rendre ma fille. Allons ! plus de faiblesse : ne songeons maintenant qu'à me venger de Dulac. Je sais dans quelle réunion il sera ce soir... Je devais y conduire madame... Mais si elle lui avait écrit?... si elle l'avait instruit de ce qui s'est passé?... Oh non ! elle n'a d'abord songé qu'à s'éloigner.

Je m'informe à la bonne si madame a écrit d'autres lettres ; elle ne le sait pas. Ah ! si Dulac m'échappait ce soir... Il est près de sept heures : habillons-nous pour aller en soirée... Aller dans le monde !.... feindre le calme, sourire, lorsque mon cœur est déchiré !.. mais ce sera pour long-temps, j'espère.

« Je mets beaucoup d'or dans mes poches; il est encore de bien bonne heure pour aller en soirée... je me promène dans mon appartement..... Logement maudit, où je débutai par être malheureux, tu ne me verras plus long-temps!

Enfin huit heures sonnent; je pars. C'est chez la dame où l'on a vu la lanterne magique qu'il y a réunion. C'est là que j'ai eu les premières lumières sur mon malheur : il est juste que ce soit là que j'en tire vengeance.

Il y a du monde, mais peu encore, et il n'est point arrivé. On me demande des nouvelles de madame; je la dis indisposée, et vais m'asseoir contre une table de jeu.

Toutes les fois que la porte du salon s'ouvre, je me retourne avec un frémissement involontaire... Il ne vient pas!

Bélan, Giraud arrivent. Ils viennent me dire bonsoir; j'ai l'air très-occupé du jeu pour ne pas entrer en conversation avec eux; mais Bélan trouve moyen de s'approcher de moi et de me dire dans le tuyau de l'oreille :

« Mon ami, je ne le suis pas... tout
» s'est expliqué à ma plus grande satis-
» faction... J'irai vous conter cela un de
» ces matins. »

Je me contente de lui serrer la main; un peu convulsivement sans doute, car il retire la sienne en me disant : « Je suis
» bien sensible au plaisir que cela vous
» fait. »

Enfin le voilà! Il est entré dans le salon... il le parcourt des yeux... Je devine ce qu'il y cherche... Il vient à moi... Bon! il ne sait rien. Il a l'audace de me demander des nouvelles de ma femme, et pourquoi elle n'est pas venue. Je me contiens, je réponds quelques mots vagues et je m'éloigne de lui.

J'attends qu'il se place à l'écarté; il s'y met enfin. Je parie contre lui. Au second coup, où nous perdons deux points, je prétends que notre adversaire n'avait pas fait couper, j'ai l'air de croire que le jeu était préparé. On se regarde avec étonnement, on ne dit rien. M. Dulac devient rêveur, distrait; il propose d'annuler le coup, on s'y refuse.

Nous perdons. Je me hâte de prendre la place. Je triple mon jeu pour que les parieurs ne trouvent pas à mettre pour moi; ensuite je tiens mes cartes de manière à ce qu'on ne puisse les voir. J'écarte mes atouts afin de perdre. Je demande ma revanche, et quoiqu'il soit d'usage de se lever quand on perd, je ne me lève pas et je double mon jeu, en lançant encore des épigrammes sur le bonheur de mon adversaire.

M. Dulac montre une grande patience ; il paraît mal à son aise, mais il ne dit rien. Je perds de nouveau ; j'ai l'air d'un joueur déterminé ; j'augmente encore mon jeu. Je perds ; je me lève en jetant les cartes au nez de M. Dulac.

Il n'y avait plus moyen de prendre cela paisiblement. Dulac se lève à son tour et me demande si j'ai eu l'intention de l'insulter. Je lui ris au nez et ne lui réponds pas. On cherche à arranger l'affaire en lui faisant entendre que je suis mauvais joueur, et que la perte m'a exaspéré. Je vois bien que tout le monde me donne tort. Dulac ne dit rien ni moi non plus. J'en ai fait assez en public pour que notre duel puisse s'expliquer par cette scène.

Au bout de quelques instans je m'approche de Dulac et lui dis bas : « Je » vous attendrai demain à sept heures » avec un ami, à l'entrée de Vincennes; » n'y manquez pas, et songez que cette » affaire ne peut s'arranger. »

Il m'a fait un signe affirmatif. Je fais encore quelques tours dans le salon, puis je m'éclipse.

Il me faut un témoin; mon choix est déjà fait : le nombre de nos vrais amis n'est pas si grand pour que l'on puisse être embarrassé.

Je vais chez Ernest, à sa nouvelle demeure. Ils sont sortis, ils sont au spectacle avec leurs enfans. Mais ils ont une domestique maintenant. Je les attendrai, car il faut absolument que je voie Ernest ce soir.

La certitude d'une prochaine vengeance ou de la fin de mes peines a un peu calmé mes sens. Je réfléchis à ma situation : je vais me battre... Si je tue mon adversaire, cela ne me rendra pas le bonheur... S'il me tue, mes enfans seront donc livrés à une mère qui ne les aime pas ; ainsi ce duel même ne peut avoir un résultat satisfaisant. Etait-il bien nécessaire ?.. Oui, parce que j'exècre ce Dulac maintenant... Et pourtant il n'a fait que remplir son rôle de jeune homme... Il n'a fait que ce que j'ai fait aussi, moi, étant garçon. Ma femme est bien plus coupable !.. et je ne puis la punir !

En cas de mort, je n'ai aucun écrit à tracer, mes enfans hériteront de moi..

Puissent-ils ignorer toujours la faute de leur mère !

Que de maux peuvent résulter d'un instant de faiblesse ! Si une femme les calculait, serait-elle jamais coupable !... Mais le calculais-je, moi, avant mon mariage ? Non, il faut des passions, des tourmens, de l'agitation à notre âme. Un bonheur calme et pur nous ennuierait.

Il en est pourtant qui connaissent ce bonheur !.. Il y a des êtres privilégiés ! il y en a aussi qui n'ont point de passions, qui aiment comme ils mangent, comme ils boivent, comme ils dorment. Ne connaissant pas le véritable amour, ils n'en ont jamais les tourmens. Ce sont peut-être les plus heureux.

Après cinq ans et quelques mois de mariage... et d'un mariage d'amour !..

Elle semblait tant m'aimer... N'était-ce donc pas vrai alors?... Mais qui l'aurait forcée à me le dire, à m'épouser?... sa mère ne faisait que ses volontés. Celle que l'on contraint à donner sa main à un homme qu'elle n'aime pas, est bien moins coupable quand elle trahit sa foi. Mais me montrer tant d'amour et..... Allons, il faut oublier tout cela.

Ernest et sa femme reviennent du spectacle. On leur dit qu'un monsieur les attend dans leur salon. Ils entrent et poussent un cri de surprise en me voyant.

« C'est Blémont!.. — C'est M. Henri...
» Ah! qu'il y a long-temps... Par quel
» hasard si tard... — Je voulais vous voir...
» J'avais quelque chose à demander à
» Ernest. »

Ils me regardent tous deux, et tous

deux en même temps se rapprochent de moi...

« Qu'avez-vous donc... Que vous est-il
» arrivé? — Comme il est pâle... défait...
» — Je n'ai rien. — Oh! si, mon ami,
» vous avez quelque chose... Votre femme
» serait-elle malade... vos enfans ?..

Je retombe sur ma chaise en balbutiant : « Je n'ai plus de femme... plus
» d'enfant avec moi... je suis seul à pré-
» sent...

» — Que dit-il? » s'écrie Marguerite,
«Votre femme?.. — Elle m'a trompé...
» Trahi... elle n'est plus avec moi. »

Ils ne disent plus un mot, ils paraissent attérés. Je me lève et reprends d'un
ton plus ferme : « Oui, elle m'a trompé,
» cette Eugénie... que j'aimais tant... Vous
» le savez... vous... qui étiez confidens
» de mon amour... Ce n'est que ce matin

»que j'ai eu la preuve de sa perfidie...
» Je ne suis pas encore habitué à souffrir...
» je m'y ferai peut-être... mais, je le jure,
» je ferai mon possible pour oublier une
» femme indigne de moi... J'ai été mal-
» heureux en amour... j'aurai du moins
» quelques consolations en amitié. »

Ernest et Marguerite se jettent dans mes bras; Marguerite pleure; Ernest me presse tendrement la main. Enfin je me dégage de leurs bras.

« Mes amis, il est tard; pardonnez-
» moi d'être venu ainsi troubler votre
» bonheur. Adieu, ma chère voisine...
» Ernest, deux mots, s'il vous plaît... »

Il me suit dans l'embrasure d'une croisée.

« Je me bats demain. Vous devinez
» avec qui et pour quel motif. Je n'ai
» pas besoin de vous dire qu'il n'y a au-

» cun arrangement à proposer... quoi-
» que nous soyons censés nous battre
» pour une querelle au jeu. Voulez-vous
» être mon témoin ? — Oui, sans doute.
» — Je vous attendrai demain à six heures
» précises du matin. — Je serai exact. »

Marguerite était passée dans une autre chambre. Elle revient alors en me disant : « Avant de vous en aller, est-ce
» vous ne voulez pas embrasser nos en-
» fans ?... »

A cette proposition, des larmes me viennent dans les yeux, car je songe que ce soir je ne pourrai pas avant de me coucher aller embrasser ma fille.

Marguerite a sans doute deviné ma pensée. « Ah ! pardonnez-moi, » me dit-elle, « je vous fais du chagrin. Mon
» Dieu, c'est sans le vouloir. »

Je lui serre la main, je fais un signe

de tête à Ernest, et je sors précipitamment.

Il faut encore rentrer dans ce logement... Ah! c'est un supplice. Comme il me semble vide!... il l'est en effet. Plus de femme... plus d'enfant autour de moi. Ce n'est pas Eugénie que mes yeux cherchent... Depuis long-temps elle fuyait, elle évitait ma présence. C'est ma fille, ma petite Henriette... celle-là ne m'évitait pas!

Quelle nuit pénible je passe! pas un instant de sommeil!... Je voudrais savoir si elle dort tranquille, celle qui me rend si malheureux.

Enfin le jour vient, et à six heures Ernest est chez moi. Je prends mes pistolets, une voiture est en bas, nous montons dedans et j'indique Vincennes au cocher.

Je ne parle pas pendant le trajet. Près d'arriver, Ernest me dit :

« Si vous succombiez, mon ami, » n'avez-vous rien à me dire, à m'or-» donner? — Rien, mon cher Ernest... » car, excepté vous et votre femme, per-» sonne ne s'intéresse véritablement à » moi. Mon fils n'est pas d'âge à com-» prendre la perte qu'il ferait... Ma fille... » elle pleurerait peut-être!... c'est pour » cela qu'il ne faudrait rien lui dire non » plus... Pauvre enfant! je ne voudrais » pas lui faire verser une larme! »

Nous sommes arrivés. A quelques portées de fusil du château, j'aperçois deux hommes qui se promènent. C'est Dulac et son témoin. Nous marchons à grands pas vers eux : nous nous rejoignons; ils nous saluent : je ne réponds pas à cette politesse et marche vers le bois.

Je ne connais pas le témoin de Dulac : il ne vient pas dans nos sociétés, tant mieux. J'ignore ce que Dulac lui a dit ; mais je suis persuadé que celui-ci n'est pas dupe du motif qui m'a fait lui chercher querelle hier au soir.

Nous nous arrêtons. Les témoins nous donnent nos armes, qu'ils ont examinées ; ils ont mesuré la distance. « Tirez, » Monsieur, » dis-je à Dulac. « Je suis » l'agresseur. — Non, Monsieur, » me répondit-il froidement ; « c'est à vous » de tirer, c'est vous qui êtes l'offensé. »

Je ne me le fais pas répéter ; je tire... Je le manque. C'est à son tour. Il hésite... « Tirez, » lui dis-je : « et songez, Mon- » sieur, que cette affaire ne peut se ter- » miner ainsi. »

Il tire. Je ne suis pas atteint. Ernest me donne un autre pistolet. Je vise de nouveau Dulac : le coup part; il tombe.

Je ne suis pas méchant, mais je voudrais l'avoir tué.

CHAPITRE V.

UN TOURMENT DE PLUS. — UNE ANCIENNE CONNAISSANCE.

J'ai sur-le-champ quitté le bois; Ernest en fait autant en annonçant au témoin de Dulac qu'il va lui envoyer du monde.

Cette fois le sort a donc été juste! ma vengeance est satisfaite. Je devrais me sentir un peu soulagé, et pourtant il n'en est rien : c'est que je ne suis pas vengé de celle qui m'a fait le plus de mal. Je remercie Ernest, et le quitte en lui promettant d'aller le voir souvent. Il voulait que j'allasse ce jour même dîner avec lui; mais j'ai encore besoin d'être seul. J'irai chez eux lorsque j'aurai un peu appris à supporter ou du moins à cacher mes chagrins.

Je cherche un appartement dans le quartier d'Ernest, loin de celui où je suis maintenant. Je loue le premier qui est vacant, puis je rentre à ma demeure. Je vais chez mon propriétaire; je paie ce qu'il exige pour partir tout de suite. Je suis libre enfin! Je fais sur-le-champ emporter mes meubles.

Je renvoie ma domestique. Je n'ai pas à me plaindre de cette femme, bien au contraire; mais elle me servait du temps que je veux oublier : je ne veux plus la voir. Je lui donne de quoi attendre patiemment une autre condition.

Mes meubles sont portés dans mon nouveau logement, rue Saint-Louis. Je m'y installe..... Je m'y sens déjà mieux, j'y respire plus librement. Pour les peines du cœur comme pour celles du corps, il n'y a rien de tel que de changer d'air.

Je voudrais aller voir mon fils : il est trop tard aujourd'hui pour me rendre à Livry. Je vais chez le banquier d'Eugénie pour tâcher de savoir où elle est. Je veux lui écrire, je veux qu'elle me rende ma fille. Ce n'est pas trop de mes deux enfans pour me tenir lieu de tout ce que j'ai perdu.

Ce banquier est un homme recommandable. Je me garde bien de lui apprendre la véritable cause de ma séparation avec ma femme Je lui fais entendre que notre humeur, que nos goûts étant changés, nous avons cru tous deux devoir prendre ce parti, qui est irrévocable. Ce n'est donc pas pour courir après ma femme que je désire savoir où elle est, c'est simplement pour lui écrire au sujet de quelques affaires d'intérêt que nous n'avons pu régler.

Il ignore où est Eugénie; elle ne lui a pas écrit. Mais il me promet de m'envoyer son adresse aussitôt qu'il la saura.

Il faut donc attendre pour revoir ma fille. Si je l'avais près de moi, il me semble que je retrouverais tout mon courage et que je pourrais encore être heureux. Oh! oui, je le serais en embrassant cette aimable enfant. Si du moins j'avais son portrait!... Bien souvent j'ai eu l'idée de le faire; mais des occupations ou des scènes avec sa mère, m'empêchaient de me livrer à ce travail... Attendons quelques jours, l'original me reviendra, et je ne m'en séparerai plus.

Le regret de n'avoir pas fait ce portrait me rappelle celui que je porte sans cesse sur moi..... Ah! je veux le briser, comme jadis elle a brisé le mien.

Le portrait d'Eugénie est attaché dans l'intérieur d'un souvenir. Je le sors de ma poche; j'ouvre le souvenir, et, malgré moi, mes yeux se portent sur cette miniature, qui me retrace si bien ses traits. Je ne sais comment cela se fait, mais ma fureur se dissipe... je me sens ému, attendri... Ah! ce n'est pas là cette femme qui m'a trahi, abandonné!... C'est celle qui m'aimait... qui répondait si bien à mes transports... dont les yeux cherchaient toujours les miens!... Cette Eugénie d'autrefois n'est plus la même que celle d'aujourd'hui... pourquoi donc briserais-je son image !

Je regarde autour de moi... je suis seul... Mes lèvres se collent encore sur ce portrait... C'est une indigne faiblesse... mais je me persuade que je la retrouve comme il y a cinq ans, et cette illusion me procure un moment de bonheur.

Le lendemain je pars de grand matin pour Livry. Cette route me rappelle bien des souvenirs !... Mon fils n'a encore que onze mois ; mais aussitôt que cela se pourra, sans nuire à sa santé, je le retirerai de chez sa nourrice, et je ne viendrai plus dans cette campagne.

J'arrive chez les paysans. Ils me demandent toujours des nouvelles de ma femme. J'abrége leurs questions en leur disant qu'elle est en voyage pour longtemps. Je demande mon fils.

On m'apporte le petit Eugène. Je le prends dans mes bras... je vais le couvrir de baisers... tout à coup une idée nouvelle... une pensée cruelle s'offre à mon esprit... mes traits s'altèrent. J'éloigne l'enfant, qui me tendait les bras, et le remets dans ceux de sa nourrice.

Cette bonne femme ne comprend rien au changement qui vient de s'opérer en moi. Elle me regarde, et s'écrie : « Eh
» ben ! quoi donc ?... Vous me rendez
» vot' fils sans l'embrasser !... Il est pour-
» tant ben gentil ce pauvre bijou... »

» Mon fils ! me dis-je à moi-même,
» mon fils !... Il n'a que onze mois... et
» Dulac venait à la maison avant qu'Eu-
» génie ne fût enceinte !... »

Un nouveau soupçon vient aggraver

mes tourmens. Qui me dit que cet enfant est à moi? que ce n'est pas le fruit de leur liaison que je vais embrasser?

A cette idée, je me lève brusquement. « Est-ce que vous êtes malade, monsieur? » me demande la nourrice.

Je ne lui réponds pas et sors de la maison; je me promène quelque temps dans la campagne. Je sens que désormais je ne pourrai plus penser à mon fils sans que cette idée cruelle ne me poursuive : en embrassant cet enfant, elle troublera mon bonheur, elle altérera la tendresse que j'aurais eue pour lui. Et ces dames prétendent qu'elles ne sont pas plus coupables que nous!... Ah! elles sont toujours sûres d'être mères... elles ne craignent pas de prodiguer leurs caresses à l'enfant d'une étrangère! C'est un bien grand avantage qu'elles ont sur

nous. Mais la nature ne fait pas tout.....
on devient père en adoptant une innocente créature; il ne l'est plus celui qui abandonne, qui délaisse ses enfans.

Je rentre plus calme chez la nourrice. Cette pauvre femme se tient dans un coin avec l'enfant sur ses bras; elle n'ose plus me le présenter. Je vais à elle, je baise l'enfant sur le front en poussant un profond soupir. Je le recommande à la paysanne; je lui donne de l'argent et je retourne à Paris, plus triste encore que je n'en étais parti.

Je trouve chez moi Ernest, qui m'attendait. Il a été à mon ancienne demeure, il a su ma nouvelle, et depuis ce matin il m'a cherché partout pour me distraire, me consoler.

« Que dit-on dans le monde? » tel est ma première question en le voyant;

car, je l'avoue, ma plus grande crainte est que l'on sache que ma femme m'a trompé, et c'est bien moins pour moi que pour elle que je le crains. Aux yeux de la société, je ne voudrais pas qu'elle fût coupable ; c'est bien assez qu'elle le soit pour moi. Je supplie donc Ernest de ne me rien cacher.

Vo tre duel est connu, » me dit-il ; « mais on l'attribue à la scène que vous » avez eue au jeu. On vous donne tort, » on plaint votre adversaire. Dulac n'est » point mort, on pense même qu'il en » reviendra ; mais sa blessure est grave, » et il sera pour long-temps au lit. Je ne » sais comment il se fait que Giraud a » déjà su votre changement de domicile, » et qu'ici vous êtes emménagé sans votre » épouse. Il aura sans doute questionné » les portiers. Il a été conter cela par-

» tout. On en jase, chacun fait son his-
» toire; le plus grand nombre pense que
» vous rendiez votre femme si malheu-
» reuse, qu'elle a été obligée de se sépa-
» rer de vous.

» —Ah! tant mieux! que l'on croie cela
» et qu'on me donne tous les torts, c'est
» ce que je désire. Vous seul et votre
» femme connaissez la vérité, mon cher
» Ernest; mais je sais bien que vous ne
» trahirez pas ma confiance.

« —Non, sans doute... quoique cela
» m'indigne d'entendre qu'on vous ac-
» cuse et que l'on plaint votre femme.
» A votre place je ne sais si je serais
» aussi généreux!... — Et mes enfans,
» mon ami, et ma fille!... — C'est vrai!..
» je n'y songeais pas. — Que m'importe
» ce monde qui me blâme... il ne me
» verra guère à présent. — J'espère

» cependant que vous ne deviendrez pas
» misantrope, et que vous chercherez à
» vous distraire, à oublier une femme
» qui ne mérite pas vos regrets : agir au-
» trement serait une faiblesse impardon-
» nable... — Je vous promets de tâcher
» de suivre vos conseils. — Pour com-
» mencer, vous allez venir dîner avec
» moi... »

Je ne puis refuser Ernest, quoique la solitude soit maintenant tout ce que je désire. Je vais chez lui. Sa compagne m'accable de soins, d'amitié, leurs enfans viennent me caresser et jouer avec moi. En dînant, ils font tout ce qu'ils peuvent pour me distraire. Je suis sensible à leur amitié; mais la vue de ce bonheur domestique, de cette heureuse famille, n'est pas capable d'alléger mes peines; elle les redouble, au contraire.

Et moi aussi, j'ai une femme, des enfans!.... Ah! ce ne sont point de pareils tableaux qu'il faut me présenter : ils brisent mon cœur. C'est de la foule, du tumulte, ce sont des plaisirs bruyans qu'il faut m'offrir; j'ai besoin d'être étourdi et non pas attendri.

Je quitte de bonne heure ces bons amis. Trois jours après je reçois une lettre du banquier d'Eugénie : il m'apprend qu'elle est pour le moment à Aubonne, près de Montmorency. Je sais où est ma fille, cela me fait du bien; il semble que l'on soit moins éloigné des personnes quand on sait où elles sont. Je me rappelle qu'Eugénie a une vieille parente de sa mère, qui habite Aubonne: elle se sera retirée chez elle. Y restera-t-elle, c'est ce que j'ignore. Mais je vais lui écrire sur-le-champ.

Je me mets à mon bureau. Je ne sais par où commencer. C'est la première fois que j'écris à Eugénie... Nous n'avions jamais été séparés... Je ne lui adresserai aucun reproche sur sa conduite... A quoi bon maintenant? il ne faut se plaindre que lorsqu'on veut bien pardonner. Pas de phrases, allons au fait.

« Madame, vous avez emmené ma
» fille; je désire, je veux qu'elle reste
» avec moi. Gardez votre fils, vous pou-
» vez, vous, lui donner ce nom; mais,
» moi, dois-je aussi l'appeler mon fils?...
» Prenez cet enfant et rendez-moi ma
» fille. Ce ne sera pas pour vous une
» privation; d'ailleurs, je lui permettrai
» d'allez vous voir quand vous le dési-
» rerez. J'espère, madame, ne pas être
» obligé de vous écrire une seconde
» fois. »

Je signe cette lettre, et la fais sur-le-champ porter à la poste : il me tarde d'en avoir la réponse.

Je ne veux plus m'occuper d'affaires, je renonce à mon état. J'ai assez de quoi vivre, maintenant que je ne veux plus tenir de maison ni recevoir du monde. Mais que ferai-je pour utiliser ce temps, si long quand on souffre?... Je reprendrai mes pinceaux; oui, je vais de nouveau cultiver cet art consolateur; je vais m'y livrer entièrement, il charmera mes loisirs. Cette idée me sourit; il me semble que je vais revenir à ma vie de garçon. Sans mes enfans, j'aurais pour quelque temps quitté Paris, j'aurais voyagé... mais ma fille est encore trop jeune pour que je lui fasse supporter des changemens de climat qui pourraient altérer sa santé.

Deux jours ne sont pas écoulés que je reçois une lettre d'Aubonne : c'est la réponse d'Eugénie... Je tremble en ouvrant cette lettre !

« Monsieur, vous vous trompez en
» croyant que ce ne serait pas une grande
» privation pour moi de n'avoir pas ma
» fille ; je l'aime tout autant que vous pou-
» vez l'aimer. Quant à votre fils, il est bien
» à vous, monsieur. Vous connaissez ma
» franchise, croyez donc à ce que je vous
» dis. Les choses resteront telles qu'elles
» sont : ma fille ne me quittera pas. In-
» voquez les lois, si vous le voulez ; rien
» ne changera ma résolution.

» Eugénie. »

J'ai peine à supporter la lecture de cette lettre. Je suis indigné, furieux. Elle m'a déshonoré, elle fait mon malheur, et refuse de me rendre ma fille !

Ah! cette femme n'a plus aucune pitié, aucune sensibilité!... Elle aime sa fille, dit-elle... oui, comme elle m'a aimé, moi! Elle me brave... elle me dit d'invoquer les lois! Ah! si je le pouvais... si j'avais à produire des preuves de son crime!... Mais, non; quand même je le pourrais, elle sait trop bien que je ne le ferais pas... que je ne voudrais pas que les tribunaux retentissent de mes plaintes... que dans le monde mon nom ne soit plus prononcé sans être un sujet de plaisanteries. Oui, elle me connaît, c'est pourquoi elle ne craint rien. Elle m'affirme que son fils est le mien; elle veut que je croie à sa parole!... Non, je ne verrai plus cet enfant, je ne veux plus en entendre parler! Mais ma fille!... ah! je ne puis ni ne veux l'oublier!

Je suis pendant quelques jours dans

la plus grande agitation, je ne sais que faire et à quel parti m'arrêter. Tantôt je veux partir, quitter pour jamais la France: mais l'image de Henriette me retient; tantôt je veux retourner dans le monde, avoir des maîtresses, passer mon temps avec elles et m'étourdir entièrement sur le passé. Un profond abattement succède à cette fièvre de mes sens. Je fuis la société, je ne vais même pas chez Ernest, quoiqu'il soit venu plusieurs fois m'en prier. Mais tout m'ennuie, tout me fatigue; je n'aime qu'à être seul, pour penser à ma fille... Sa mère, je la hais, je la maudis. Ah! je partirai, je quitterai ce pays... Qui donc me retient encore?... Je n'en sais rien.

Plusieurs semaines se sont écoulées sans que je sache comment j'ai vécu. Je sors de grand matin pour éviter même les visites d'Ernest, car chaque jour je deviens plus misantrope, plus morose; je me promène dans les endroits solitaires, je rentre de bonne heure et j'ordonne toujours à mon portier de dire que je n'y suis pas. C'est aussi mon portier qui est mon domestique, qui a soin de mon appartement, lequel est même assez mal soigné.

La maison où je demeure maintenant me convient sous beaucoup de rapports : triste et sombre comme la plupart des anciennes maisons du Marais, elle renferme, je crois, fort peu de locataires, et je n'en rencontre jamais sur l'escalier. Cependant j'ai un voisin dont je me passerais volontiers; c'est un homme qui loge dans les chambres mansardées, lesquelles sont au dessus de mon appartement, la maison n'ayant en tout que trois étages.

Ce voisin a l'habitude de chanter dès qu'il est chez lui; il rentre ordinairement entre dix et onze heures du soir; et jusqu'à ce qu'il soit couché et endormi, il faut que j'entende ses refrains joyeux, ses chansons à boire. Cela m'impatiente... non que cela m'empêche de dormir; le sommeil ne me visite pas de si bonne heure. Mais cela me trouble dans mes pensées, dans mes réflexions. J'ai eu quelquefois envie de me plaindre au portier... Mais parce que j'ai des chagrins, faut-il donc que j'empêche les autres d'être gais?

Depuis quelques jours cela devient plus insupportable parce que le voisin rentre beaucoup plus tôt, et que les chants commencent souvent dès huit heures du soir. Moi, qui ne cause jamais avec mon portier, je me décide pourtant à lui demander quel est ce voisin qui chante toujours.

« Monsieur, me répond le portier, » c'est un pauvre tailleur... un Alle- » mand... Je ne conçois pas comment » il a le cœur de chanter, car il n'a pas » le sou, il ne trouve pas d'ouvrage, à ce » qu'il paraît... Çà ne m'étonne pas, » c'est un ivrogne; il travaille fort mal! » Je lui ai donné un de mes pantalons » pour faire un habit neuf à mon fils; » c'était mal fait... sans grâce, sans tour- » nure... les reprises en devant!.. Je lui » ai retiré ma pratique. Au reste, il ne » vous ennuiera pas long-temps; comme » il ne paye pas le loyer de sa chambre, » on est décidé à lui donner congé. »

Je fais entendre au portier que je

ne demande pas que l'on renvoie cet homme ; mais il paraît que le propriétaire ne connaît que ses loyers. Le soir, sur les huit heures, j'entends chanter le tailleur... il donne toute sa voix, il fait des roulades, des cadences... Qui croirait que cet homme n'a pas le sou?

Je me rappelle la fable du *savetier et le financier*; si j'allais donner de l'argent au voisin pour le faire taire... Mais l'argent le fera peut-être chanter plus fort; car on trouverait peu de savetier comme celui de la fable. Cependant je cède à l'idée d'aller voir mon voisin... S'il est complaisant, il voudra peut-être bien chanter un peu moins fort... mais je ne l'espère pas, car les Allemands sont entêtés, et ils aiment la musique. N'importe, allons toujours voir le tailleur.

Je monte l'étage qui me sépare des

mansardes. La voix du voisin me guide pour trouver sa porte. La clef est après, malgré cela je frappe avant d'ouvrir.

On continue un passage du *Freitzchutz* et on ne me répond pas; j'ouvre alors.

J'entre dans une chambre dans laquelle il y a, dans un coin à terre, un matelas, avec une mauvaise couverture dessus. Une chaise dépaillée, quelques pots égueulés, et une longue planche qui sert sans doute d'établi, mais qui alors est adossée au mur; voilà tout l'ameublement. Sur le rebord de la fenêtre qui est ouverte, est un homme jeune encore, dont la figure insouciante et enluminée ne m'est pas inconnue. Il est en chemise, et assis à la manière des tailleurs, les genoux en dehors de la croisée, ce qui au moindre mouvement en avant, l'exposerait à tomber dans la cour.

A mon arrivée, il s'arrête au milieu de sa roulade et s'écrie: « Tiens, je » croyais que c'était le portier qui venait » encore me demander de l'argent... je » lui aurais dit: Prout, prout!... Asseyez-» vous donc, monsieur. »

Je m'asseois, car le voisin paraît sans façon; il ne s'est pas levé. Je ne sais s'il croit que je suis venu pour l'entendre chanter; mais il semble disposé à reprendre son air; je l'arrête auparavant.

« Monsieur, je suis votre voisin... — » Ah! vous êtes mon voisin!... A côté ou » au dessous? — Au dessous... — Ah! » oui... Parbleu, à côté ce ne sont que » les cuisinières de la maison... toutes des » vieilles malheureusement..... Ça ne » chante plus... ça ne fait plus l'amour...

» ça ne sait plus faire que des sauces...
» des consommés réduits, comme dit
» celle du premier... Moi, je donnerais
» bien tous ses réduits pour une bou-
» teille de Beaune... Ah! que c'est bon le
» Beaune!.. Si j'en avais je vous en
» offrirais!... mais depuis trois jours je
» n'ai bu que de l'eau... Prout! prout!...
» il faut se consoler. »

Pendant que le tailleur parle, je l'examine, je suis persuadé que je l'ai vu quelque part, je ne puis me rappeler où.

« Êtes-vous venu pour une culotte
» ou un habit? » reprend mon voisin.
« Ça tomberait bien, je n'ai rien à faire,
» je vous ferai cela tout de suite, et dans
» le dernier goût, quoique ce méchant
» portier ait osé se plaindre de mon ta-
» lent... L'imbécile! il veut que je trouve

»un habit neuf pour son fils, dans un
»vieux pantalon qui avait déjà été re-
»tourné trois fois.

» — Je ne suis venu ni pour un habit
»ni pour une veste... mais pour vous
»adresser une prière... — Une prière...
» — Vous chantez beaucoup, monsieur.
» — Parbleu! je n'ai pas autre chose à
»faire!... — Vous chantez très-bien cer-
»tainement..... — Oui, j'ai de la voix;
»nous autres Allemands, nous sommes
»tous musiciens, c'est né avec nous. —
»Je le sais, mais pensez-vous que pour
»quelqu'un qui travaille de tête... qui
»est obligé de réfléchir... de méditer, ce
»soit bien agréable d'entendre chanter
»toute la soirée?.. — Qu'est-ce que ça me
»fait tout ça? — Tenez, monsieur, je
»vais au fait, vos chants m'incom-
»modent, m'importunent, et si vous

» vouliez avoir la complaisance de chan-
» ter moins, ou moins fort, je vous
» prierais d'accepter ceci comme une
» faible marque de ma reconnaissance. »

J'avais tiré ma bourse de ma poche et je cherchais sur quoi la poser, ce qui était difficile, à moins de la mettre à terre, lorsque le tailleur, qui venait de quitter brusquement la fenêtre pour sauter dans la chambre, s'avance vers moi en fronçant les sourcils.

« Dites donc, monsieur d'au des-
» sous, qui n'aimez pas la musique, est-
» ce que je vous ai l'air de demander
» l'aumône? qu'est-ce qui vous a permis
» de venir me faire une avanie dans ma
» chambre?... Est-ce que Petermann a
» jamais passé pour un mendiant?...

» Pétermann! » dis-je en le regardant plus fixement; « vous vous appelez

» Pétermann?.— Schnick Pétermann...
» garçon tailleur depuis l'âge de quinze
» ans... Je n'ai jamais pu devenir maître...
» Ce n'est pas ma faute... Eh ben! quand
» vous me regarderez sous le nez... —
» Oui, j'y suis à présent... Vous avez
» demeuré rue Meslay? — Je crois que
» oui... J'ai déménagé si souvent que je
» ne peux guère me souvenir de tous
» les appartemens que j'ai occupés! —
» Vous rappelez-vous cette petite cham-
» bre où vous rentriez si souvent par
» la fenêtre du toit, en cassant les
» carreaux... parce que vous perdiez
» votre clef... — Ah! j'y suis... il y avait
» un plomb large... C'était commode, je
» grimpais dessus. — Et cette jeune
» voisine chez qui vous allumiez votre
» chandelle... — La petite Marguerite...
» Ah! bon... je vous reconnais à pré-

» sent!... Vous étiez l'amant de ma voi-
» sine... — Oh! non je n'étais que son
» ami... mais j'y allais souvent... Nous
» vous entendions rentrer... Ah! que j'é-
» tais heureux alors !.. — Vous étiez heu-
» reux quand je cassais les carreaux?..
» Ça vous amusait?.. — Il faudra donc
» toujours que je retrouve des souve-
» nirs de ce temps... je veux les fuir...
» et pourtant votre vue me fait plaisir.
» — Vous êtes bien honnête, monsieur!..
» Il y a de ça déjà... cinq ans au moins...
» Pus de cinq ans même, je n'étais pas
» encore marié alors. — Ah! vous vous
» êtes marié depuis? — Mon Dieu, ne
» m'en parlez pas!.. Je ne sais quelle
» chienne d'idée m'était passée par la tête,
» moi qui ne pense guère à l'amour,
» vla-t-il pas qu'un jour... Prout! prout!..
» ça me prend comme une envie d'é-

» ternuer ; je me figure que j'en tiens
» pour une jeune cuisinière qui m'avait
» quelquefois demandé l'heure... puis
» du feu... des bêtises enfin qui annon-
» cent l'intention de faire une connais-
» sance. Suzanne était jolie... Oh ! une
» superbe fille... bien découplée... Je lui
» rendrai justice pour le physique. Elle
» avait amassé douze cents francs en
» trichant un peu ses maîtres sur les
» légumes et le beurre. Je me dis : ce
» sera de quoi commencer un joli éta-
» blissement de tailleur en boutique,
» à l'instar du Palais-Royal. J'offre ma
» personne, qu'on accepte, et nous nous
» marions, et je loue un magasin sur le
» boulevard du Pont-aux-Choux, et ça
» va bien pendant... — Pendant quel-
» ques mois. — Ah ! prout ! vous êtes
» ben honnête ! pendant quelques jours...

» une semaine au plus. Après ça, mon
» épouse trouve que je m'atarde... que
» je bavarde, que je bois. Moi je prétends qu'elle ne doit s'occuper que
» de faire des boutonnières. Elle refuse
» de mordre aux boutonnières, ça me
» fâche; je m'entête, elle s'obstine, bref
» nous nous battons!.. Oh! mais nous
» nous battons comme des lutteurs; et
» une fois l'habitude prise!.. c'était fini;
» nous n'y manquions pas un seul jour.
» Prout! prout! matin et soir!.. fallait
» voir comme nous nous rossions!.. —
» Ne valait-il pas mieux quitter votre
» femme? — Ah! certainement, c'est ce
» que je me suis dit, un soir que mon
» épouse m'avait presque arraché toute
» l'oreille gauche; j'ai fait mon paquet
» et je l'ai laissée là. — L'avez-vous revue
» depuis? — Oh! pas si bête... Je n'ai

» pas envie de la revoir, et de son côté
» je crois bien qu'elle ne se soucie pas
» non plus de me retrouver. A c't'heure
» c'est fini! Prout! pour l'amour!.. Que
» ma femme meure ou non ça m'est
» bien égal, je ne me marie plus. — Vous
» n'avez pas d'enfans? — Comment vou-
» lez-vous!.. Est-ce que nous avions le
» temps d'en faire en nous rossant!..
» Ma foi j'aime autant n'en pas avoir
» eu; ça me serait resté sur les bras,
» il faudrait nourrir les mioches, et c'est
» difficile quand on ne peut pas se
» nourrir soi-même tous les jours. —
» Mais du moins votre femme vous a été
» fidèle... — Fidèle? ah! prout!.. Est-ce
» que je me suis occupé de ça?.. D'ailleurs
» nous ne sommes restés que quatre mois
» ensemble! et ça ne m'a pas enrichi!..
» depuis quelque temps l'ouvrage ne

» va pas du tout, et on se gâte les doigts
» à ne rien faire. Mais c'est égal, ce n'est
» pas une raison pour venir comme ça
» avec vot' bourse à la main !..

» — Écoutez-moi, M. Pétermann, je
» me suis mal expliqué, je n'avais nulle-
» ment l'intention de vous offenser... —
» Je ne m'offense pas, mais... — On m'a
» dit que vous étiez sans ouvrage, j'a-
» vais l'intention de vous donner ma
» pratique... — Oh ! c'est différent ! vot'
» pratique ça me va... — Je ne puis pas
» vous montrer ce soir ce que je veux
» vous faire faire... mais je croyais qu'il
» n'y avait aucun mal à vous offrir
» quelque argent d'avance sur ce que
» vous ferez pour moi... nous avons déjà
» logé sous le même toit... nous nous
» connaissons... je serais fâché de me
» brouiller avec vous.

» — Monsieur, du moment que vous
» m'offrez ça en avance sur des façons
» que je vous ferai, c'est tout autre
» chose. Donnez-moi ce que vous vou-
» drez... je recevrai et je ne vous pren-
» drai pas plus cher pour cela. — A la
» bonne heure... Tenez voici quarante
» francs... nous compterons ensuite.
» — Quarante francs... Je vous ferai ha-
» bit veste et culotte soignés pour ça...
» et pour ce qui est de chanter si ça vous
» gêne... — Non, chantez Pétermann,
» chantez; maintenant que je sais que
» c'est vous, cela ne me fatiguera plus;
» je me figurerai que j'habite encore
» mon logement d'autrefois. »

Je laisse le tailleur, qui ne sait dans quelle poche mettre ses quarante francs, et je rentre chez moi. Mais ce soir-là, et toute la semaine suivante je n'entends pas chanter Pétermann, parce qu'il ne rentre qu'à minuit, qu'il est gris et qu'il s'endort dès qu'il est couché.

CHAPITRE VI.

UNE RENCONTRE. — LE DÉPART.

Ma conversation avec le tailleur m'a distrait; mes idées sont un peu moins noires, et je dors mieux : lorsque nous devenons mélancoliques, nous nous refusons à toutes distractions; nous fuyons nos amis, dont la présence adoucirait à la longue nos peines. On devrait alors nous traiter comme ces malades que l'on force à prendre des tisanes qu'ils refusent, et qui sont nécessaires à leur guérison.

Un matin je me rends chez Ernest qui est venu au moins dix fois chez moi sans me trouver.

Sa femme me gronde beaucoup sur ma conduite : « Vous fuyez vos vrais
» amis, » me dit-elle, « vous vivez comme
» un loup !... cela n'a pas le sens com-
» mun... Devez-vous vous punir des
» fautes des autres ? Votre femme a
» voulu garder sa fille... est-ce une rai-
» son pour vous désoler... ne pouvez-
» vous aller la voir ? — La voir... Ah !
» j'en ai eu mille fois le désir... mais elle
» est avec sa mère dont je ne pourrais
» supporter la vue.

» Sa mère n'est pas toujours avec
» elle, » me dit Ernest; « lorsqu'elle
» vient à Paris... et cela lui arrive sou-

» vent depuis quelques jours, il est rare
» qu'elle emmène sa fille avec elle. —
» Quoi! Eugénie est déjà revenue à Pa-
» ris!... Je croyais qu'elle n'oserait plus
» s'y montrer. — Songez donc que dans
» le monde, c'est à vous que l'on donne
» tort... C'est vous qui avez abandonné
» une femme charmante dont vous fai-
» siez le malheur... Je vous rapporte
» exactement ce qui se dit, cela ne vous
» fâche pas?... — Au contraire, je suis
» bien aise de l'entendre. Continuez Er-
» nest : dites-moi ce que vous avez ap-
» pris.—Après avoir passé quinze jours
» seulement à la campagne, votre...
» femme est revenue à Paris. Elle a pris
» un bel appartement dans la rue d'Antin;
» elle a été dans le monde; elle s'est de
» nouveau livrée aux plaisirs. Elle est
» mise avec la plus grande élégance; on

» l'a vue au spectacle, au bal, au con-
» cert. Cependant elle retourne souvent
» à la campagne ; elle y passe quelques
» jours, puis revient ici. Avant-hier je
» me suis trouvé avec elle à la soirée de
» madame de Saint-Albin... — Vous
» l'avez vue... — Oui ; il y avait beau-
» coup de monde. Lorsque j'arrivai, elle
» était à une table de jeu. Elle parlait
» très-haut, elle riait : frappé des éclats
» de sa voix, je m'approchai. Lorsqu'elle
» m'aperçut, mes yeux étaient fixés sur
» elle, elle détourna les siens ; il se fit
» un grand changement dans ses traits ;
» son front se rembrunit, elle cessa de
» parler, et quitta bientôt le jeu. — Lui
» avez-vous parlé ? — Non, je n'en avais
» nulle envie ; et de son côté je crois
» qu'elle ne le désirait pas davantage ;
» car elle évitait avec soin de rencon-

LE DÉPART. 197

» trer mes regards. Elle partit que je la
» cherchais encore dans le salon; je
» crois que ma présence fut cause de
» son départ.

» — Vous n'étiez pas à cette soirée,
» madame? » dis-je en m'adressant à
madame Ernest.

« Oh! non, monsieur Henri!... vous
» savez bien qu'on ne m'invite pas, moi...
» Je ne suis pas mariée!... »

En disant ces mots, il me semble que
la petite femme soupire et jette un coup-
d'œil en dessous à Ernest. Elle reprend
après un moment :

« Du reste, je serais mariée que je
» ne voudrais pas aller plus dans le
» monde pour cela!... Le peu que j'en
» ai vu ne me l'a pas fait aimer!

» — Ma chère amie, » dit Ernest, « il

» faut aller en société comme on irait
» au spectacle, non pas pour faire plai-
» sir aux autres, mais pour s'amuser soi-
» même; quand la pièce ennuie, on n'est
» pas obligé de rester jusqu'à la fin.

» — Et monsieur Dulac? » dis-je au bout d'un moment, « vous ne m'en
» avez pas parlé, Ernest. Ne craignez
» pas de me dire ce que vous savez.....
» Je pense bien qu'il est plus que jamais
» le chevalier de madame Blémont... —
» Vous vous trompez. A peine était-il
» remis de sa blessure, et il n'y a pas
» long-temps de cela, qu'il s'est mis en
» voyage; on assure qu'il est allé en
» Italie. »

J'avoue que cette nouvelle me fait plaisir. Et cependant que m'importe à présent que ce soit Dulac ou un autre qui soit l'amant de madame Blémont, puisque je n'aurai plus rien de commun avec cette femme? Madame Blémont!.... elle se fait toujours appeler ainsi; Ernest me l'a confirmé. J'espérais qu'elle aurait repris le nom de sa mère. N'est-il pas cruel de ne pouvoir ôter son nom à une femme qui le déshonore? Si madame Blémont faisait maintenant des enfans, ils porteraient aussi mon nom, ils partageraient mon héritage... Est-ce là de la justice? Et l'on a proscrit le divorce!... on le trouvait immoral!... Ah! sans doute, il est bien plus moral de laisser à une femme coupable le nom du mari qu'elle abandonne, à des enfans étrangers un titre et des biens auquels ils n'ont pas droit.

Et Ernest veut que j'y retourne dans ce monde où madame Blémont est fêtée, accueillie; tandis que l'on croirait se compromettre en invitant cette bonne Marguerite qui chérit ses enfans, s'occupe de son ménage et fait le bonheur d'Ernest; et pourquoi... parce qu'elle n'est pas mariée. Ah! il me fait pitié, ce monde rempli de vices et de sots préjugés. Je le laisse à Madame Blémont, je ne veux plus rien partager avec elle.

Je promets à mes amis d'aller les voir plus souvent. Je ne suis pas encore déterminé sur ce que je veux faire; mais mon intention est toujours de voyager, de quitter Paris... surtout depuis que je sais que madame Blémont y est revenue.

Mon portier m'apprend qu'un monsieur est venu me demander pour la troisième fois. Au portrait qu'il me fait je ne puis douter que ce soit Bélan, et je lui recommande de toujours lui dire que je suis absent. Il me remet aussi une carte sur laquelle est le nom de Giraud. Ces gens-là ne me laisseront donc jamais en repos. Malheureusement mes affaires m'ont obligé de laisser mon adresse à mon ancien logement. Mais je vais me hâter de me débarrasser de toutes les causes que l'on m'avait confiées, afin de pouvoir quitter Paris le plus promptement possible.

Je cours une partie de mes journées pour trouver mes anciens clients auxquels je rends leurs dossiers, sous prétexte que ma santé me force à renoncer à ma profession d'avocat. Dans mes courses j'ai quelquefois aperçu Bélan ou Giraud, mais j'ai toujours réussi à les éviter. Je viens de terminer ma dernière affaire. Je me sens libre et content de pouvoir disposer de moi-même, lorsqu'en traversant, à la hâte, le Palais-Royal, je suis arrêté par Bélan. Cette fois je n'ai pu l'éviter.

« Ah! je vous tiens enfin..... Vrai-
» ment, ce n'est pas malheureux... Où
» diable vous cachez-vous, mon cher
» ami? j'ai été très-souvent chez vous...
» à votre nouveau logement... mais vous
» êtes toujours sorti... — J'ai beaucoup
» d'affaires à terminer... mon cher Bélan;
» et dans ce moment je suis encore très-
» pressé... — Oh! ça m'est égal... je ne
» vous lâche pas... j'ai trop de choses à
» vous conter... Mais dites-moi, vous avez
» donc quitté votre femme? — Oui... nous
» ne pouvions plus nous accorder... —
» C'est ce que j'ai dit tout de suite, moi :
» Ils ne s'accordaient pas. Je vous avoue
» qu'en général on vous donne tort... on
» vous nomme mari jaloux, tyran do-

» mestique. — Que l'on dise ce qu'on
» voudra; cela m'est fort indifférent. —
» Et vous avez raison. Quant à moi, si je
» pouvais me séparer d'avec ma belle-
» mère!... Oh! Dieu!... comme je serais
» content! Mais Armide ne veut pas quit-
» ter sa mère; ça fait que je suis sans
» cesse entre deux feux : quand l'une ne
» me cherche pas querelle, c'est l'autre.
» Il est vrai que je suis bien tranquille
» maintenant sur la vertu de ma femme.
» Le marquis ne vient plus nous voir,
» j'ignore pourquoi; mais il a entièrement
» cessé ses visites. Quant à Armide, elle
» est devenue d'une humeur si révêche!...
» si acariâtre... Ah! Dieu!... il y a des mo-
» mens où je crois que j'aimerais mieux
» être cocu et que ma femme fût douce...
» et cependant... — Bélan, je suis forcé
» de vous quitter... — Bath! qui vous

» presse? à présent vous êtes bien heu-
» reux, vous!... vous vivez de nouveau
» en garçon... vous faites vos farces... —
» Je ne m'occupe qu'à terminer mes af-
» faires et... — Oh! oui... le bon apôtre!...
» Je vous connais, séducteur!... Ma foi!
» entre nous, je vous dirai que j'ai fait
» aussi une petite connaissance... Écou-
» tez donc... on n'est pas un saint!... et,
» quoique marié, on peut avoir des fai-
» blesses, des momens d'oubli; d'ailleurs,
» ça nous est permis, à nous autres
» hommes. Mais il faut que je prenne les
» plus grandes précautions, car si ma
» femme ou ma belle-mère me surpre-
» naient en bonnes fortunes... — Adieu,
» Bélan... Je vous souhaite beaucoup de
» plaisir. — Mais où allez-vous donc si
» vite?... Je vais vous accompagner. »

Je ne me soucie pas que le petit

homme m'accompagne ; et, pour m'en débarrasser, je lui dis que je vais au bois de Boulogne. Il se frappe dans les mains en s'écriant : — « Parbleu!... ça se » trouve bien ; c'est justement là que j'ai » donné rendez-vous à ma petite... au- » près du château de Madrid... Je ne la » vois jamais que hors barrière. — Moi, » j'ai affaire d'un autre côté. — C'est » égal ; nous allons prendre un cabriolet » et aller ensemble jusqu'au bois. »

Je ne puis plus faire autrement : allons jusqu'au bois de Boulogne ; peu m'importe, après tout... J'ai le temps. Mais arrivé là, je saurai me débarrasser de Bélan.

Nous prenons un cabriolet. Chemin faisant, Bélan me parle de sa femme, de sa maîtresse, de sa belle-mère et de mon duel avec Dulac, qu'il croit la suite de notre scène au jeu. Je me garde bien de le détromper.

Nous arrivons. Entrés dans le bois, Bélan veut que je l'accompagne pour me faire voir sa connaissance. Je lui assure que l'on m'attend aussi; mais, pour le contenter, je lui donne rendez-vous pour deux heures plus tard à la porte Maillot, et je me promets bien de ne pas m'y trouver.

Bélan me quitte enfin. J'entre dans une allée opposée à celle qu'il a prise. Le temps est beau. Il est quatre heures, et il y a beaucoup de promeneurs, surtout beaucoup de cavaliers dans le bois. Depuis quelques instans je regarde ces jeunes gens qui viennent montrer ici leur toilette, leurs chevaux et leur talent dans l'équitation. Il fut aussi un temps où ce plaisir était le mien; et maintenant rien de tout cela ne me tente.

Un nuage de poussière m'annonce une cavalcade. Je crois distinguer deux femmes avec les cavaliers : je m'arrête pour regarder les amazones. La cavalcade arrive au galop, elle passe près de moi. J'ai vu une des dames; mes yeux se portent sur l'autre!... C'est Eugénie... Eugénie, vêtue d'un élégant habit d'amazone, qui conduit avec grâce un cheval fringant. Elle passe contre moi; son cheval me couvre de poussière... et je n'ai pu faire un pas en arrière. Je suis resté là... tellement saisi, tellement oppressé, que je n'aurais pas eu la force de marcher.

La cavalcade est déjà loin; mes yeux la suivent encore, je suis à la même place, immobile, étourdi, ne voyant plus autre chose. Des cavaliers arrivent de nouveau au grand galop. Je ne les entends pas. Ils me crient : « Gare. » Je ne bouge pas... Tout à coup j'éprouve une violente commotion. Je suis renversé sur le sable, et le pied d'un cheval me frappe au front.

Mes yeux se ferment; je perds connaissance. Quand je reviens à moi, je me trouve dans un des cafés de l'entrée du bois. Je vois beaucoup de monde autour de moi, entre autres plusieurs jeunes élégans. L'un d'eux me dit : « Mon» sieur, je suis au désespoir... c'est moi » qui suis l'auteur de cet accident... Ce» pendant je vous ai bien crié gare; mais » mon cheval était lancé, je n'ai plus été » maître de l'arrêter.

» — Oui, c'est vrai, » reprend un homme qui me soutient la tête, « je suis

» témoin que monsieur a crié gare.....
» Mais aussi, pourquoi aller comme le
» vent?... Je vous criais: Arrêtez!... mais
» prout! prout!... vous n'arrêtiez pas. »

J'ai reconnu Pétermann; c'est lui qui est derrière moi. Je reçois les excuses du jeune cavalier, je lui déclare que je ne lui en veux pas. Je le rassure sur ma blessure, quoique je me sente bien faible, car j'ai perdu beaucoup de sang. On a envoyé chercher une voiture, je demande à Pétermann s'il peut m'accompagner.

« Comment, si je le peux! » répond le tailleur, « mais je ne le pourrais pas,
» que je vous accompagnerais tout de
» même... Est-ce que je laisserais dans
» cet état un brave voisin qui m'a
» avancé quarante francs!... Ah! prout!
» vous ne me connaissez pas! »

On m'a enveloppé la tête de linge, on m'aide à monter en voiture. Pétermann s'y place devant moi, et nous retournons à Paris.

Durant le chemin, ma blessure m'occupe bien moins que la rencontre que j'ai faite. Je demande à Pétermann si, lorsqu'on m'a relevé et emporté, il n'a pas vu une femme à cheval en amazone passer près de moi.

« Quand vous avez été renversé, » dit le tailleur, « je n'étais qu'à trente pas
» de vous. Je me promenais... je flanais...
» je n'ai rien à faire... Je suis pourtant
» allé encore ce matin chez vous, mon-
» sieur, pour vous demander vos étoffes;
» mais je ne vous trouve jamais le matin...
» et le soir je ne trouve pas votre porte...
» — Ce n'est pas de cela qu'il s'agit. —
» C'est juste... Je me promenais donc; je

»venais de regarder passer des dames à
» cheval... ah! prout! c'est qu'elles al-
» laient joliment! D'autres chevaux vien-
» nent, je me range; c'est alors que je
» vous aperçois. On vous crie : Gare! Je
» ne sais pas ce que vous regardiez, mais
» vous ne bougiez pas; et pourtant je
» me disais : Ce monsieur n'est pas sourd,
» car il m'entendait bien chanter. Les
» chevaux avançaient toujours. Je vous
» crie : Gare! aussi; je crie aux cavaliers,
» Arrêtez!..... mais prout!..... vous étiez
» déjà à terre, et avec une fameuse ba-
» lafre!... Les jeunes gens se sont arrêtés
» alors. Je vous tenais déjà sur moi. Oh!
» celui qui vous a renversé était désolé,
» je dois lui rendre justice. Nous vous
» avons porté au café le plus proche.
» Quand j'ai dit que j'étais votre voisin
» et que je vous connaissais, on a en-

» voyé chercher une voiture, et puis
» vous avez rouvert les yeux..... Mais
» c'est égal! vous avez là un joli coup de
» pied!...

» — Et, pendant que j'étais sans con-
» naissance... vous n'avez pas vu d'autres
» personnes près de moi?... Ces dames à
» cheval... l'une d'elles n'est pas reve-
» nue...? — Non, monsieur. Il n'y avait
» pas d'autre dame près de vous que la
» maîtresse du café; mais elle a bien lavé
» votre blessure... Oh! elle n'a pas épar-
» gné l'eau! »

Je ne dis plus rien. Je commence à souffrir beaucoup; la voiture me fait mal : ma tête brûle, mes idées s'embrouillent. Nous arrivons enfin à ma demeure. Petermann et le portier me montent chez moi, me mettent au lit, et vont chercher un médecin. J'ai une fièvre violente; bientôt je ne puis plus répondre à ceux qui m'entourent, je ne les connais plus.

Un soir, je rouvre mes yeux appesantis; je les promène dans ma chambre : une lampe l'éclaire à demi. J'aperçois Petermann assis devant une table, sa tête appuyée sur une de ses mains, et les regards attachés sur une montre, qu'il tient dans l'autre. Je l'appelle faiblement : il m'entend, pousse un cri de joie, laisse tomber la montre, et vient à mon lit. Il m'embrasse en s'écriant : « Ah!... vous êtes sauvé!... Le médecin » avait prédit que ce soir, avant neuf » heures, vous reprendriez votre con- » naissance... Je comptais les minutes... » il n'y en avait plus que cinq... je » commençais à douter du médecin...

» Mais vous me reconnaissez... Allons!
» sacredié! vous êtes sauvé!... »

Il m'embrasse de nouveau, et je sens des larmes qui me mouillent les joues. Il y a donc encore des gens qui m'aiment! Cette pensée me soulage. Je tends la main à ce brave homme, je serre la sienne, et lui fais signe de s'asseoir près de moi.

« Avant tout, » me dit-il, « vous allez
» boire ceci... C'est une potion ordonnée
» par le médecin, et il faut faire ce qu'il
» recommande, puisqu'il vous a guéri...
» Je croirai aux médecins à présent. »

Je bois la potion; alors Petermann ramasse la montre, et la porte à son oreille, en disant :

« C'est votre montre que j'avais jetée
» par terre, monsieur; mais elle ne s'est

» pas seulement arrêtée. Elle est comme
» vous, le ressort est bon. »

Il s'assied, et reprend :

« Il y a cinq jours que vous êtes là au
» lit, et depuis ce temps, la fièvre, le
» délire vous tenaient joliment!... Oh!
» vôtre tête galopait comme le maudit
» cheval qui vous a renversé. On avait
» beau chercher à vous calmer... vous
» m'appeliez Eugénie, moi..... vous ne
» parliez que d'Eugénie. Tantôt vous
» l'adoriez, et l'instant d'après, vous la
» maudissiez; ce qui fait que le portier,
» qui est un peu cancannier, disait qu'il
» fallait qu'une Eugénie vous eût fait des
» traits; moi, je lui répondais : Vous
» voyez bien que monsieur a le délire,
» par conséquent il ne sait ce qu'il dit.
» Bref, je ne sais pas si j'ai eu tort, mon-
» sieur, mais vous voyant dans cet état,

» et personne avec vous pour vous soi-
» gner, je me suis installé ici, et je n'en
» ai plus bougé. Le portier a voulu me
» faire des remontrances; il voulait que
» ce fût sa nièce, qui a neuf ans, qui
» vous gardât; mais, prout! je ne l'ai pas
» écouté, et j'ai dit : C'est moi qui ai
» amené monsieur blessé chez lui, je ne
» le quitterai que lorsqu'il sera guéri.
» Si j'ai eu tort... je vous en demande
» excuse et j'vas m'en aller. »

Je tends encore la main à Petermann :
« Bien loin d'avoir eu tort, mon ami...
» c'est moi qui vous dois beaucoup de
» reconnaissance..... — Du tout, mon-
» sieur, c'est moi qui vous dois quarante
» francs..... mais dès que vous aurez vos
» étoffes... — Ne parlons pas de cela! —
» Soit; d'ailleurs, ne parlez pas beau-
» coup : c'est encore l'ordonnance du

» médecin. — M'est-il venu des visites ?
» — Excepté le médecin et le portier, il
» n'est pas venu un chat. »

Ernest et sa femme ignorent mon accident, sans quoi je suis bien sûr qu'ils seraient venus me garder. Je ne puis donc plus avoir que des étrangers près de moi ! Ah ! si ma mère avait su !..... mais je suis bien aise qu'on ne lui ai pas appris cet événement, qui l'aurait effrayé. Il y a encore bien des choses qu'elle ignore et que je voudrais pouvoir lui cacher aussi !

Je tâche de prendre du repos : l'image d'Eugénie vient souvent le troubler. C'est elle qui est cause que je suis dans ce lit... Il est impossible qu'elle ne m'ait pas reconnu : son cheval a passé tout près de moi... et elle ne s'est pas retournée !... A-t-elle entendu le bruit causé par mon accident...? c'est ce que j'ignore. Pendant que je fuis la société, comme si j'étais coupable, Eugénie court le monde, les plaisirs. Elle qui ne montait qu'en tremblant sur un cheval et le conduisait bien paisiblement, elle traverse maintenant le bois de Boulogne au grand galop et déploie l'audace d'un cavalier expérimenté !..... Il me semble encore que je rêve, que j'ai le délire..... Ah! puisque l'Eugénie d'autrefois n'existe plus, oublions la nouvelle ; ne songeons plus à celle qui a fait mon malheur.

Si je pouvais embrasser ma petite Henriette, il me semble que je serais sur-le-champ entièrement guéri. Avant de quitter Paris j'irai la voir, la presser dans mes bras à l'insu de sa mère ; et lors même que sa mère le saurait, n'ai-je pas le droit d'embrasser ma fille? Patientons jusque là.

Le médecin revient me voir. C'est un homme que je ne connaissais pas. Il paraît brusque, froid; il parle peu, mais il ne fait ni embarras de son savoir, ni phrases à ses malades. J'aime les médecins comme cela.

Au bout de quelques jours, je suis beaucoup mieux; je commence à reprendre des forces. Pétermann est toujours chez moi. Il m'a dit de le renvoyer dès qu'il m'ennuierait, et je l'ai gardé.

Je me suis habitué aux soins, aux services de cet homme. Je ne puis douter de son attachement; il m'en a donné des preuves, une bien grande surtout, c'est qu'il ne s'est pas grisé une seule fois depuis qu'il s'est fait mon gardien. Ce n'est pas l'intérêt qui le guide; en re-

fagant ma bourse lorsque je suis monté
chez lui, il m'a prouvé qu'il ne tenait
pas à l'argent. J'ai remarqué aussi qu'il
n'est pas curieux ni indiscret.

Je fais toutes ces réflexions un soir
que je suis étendu sur une dormeuse;
Pétermann est assis contre la croisée. Il
ne dit rien ; car, lorsque je ne lui parle
pas, il ne cherche point à causer. Nous
passons quelquefois plusieurs heures
de suite sans dire un mot : c'est encore
une qualité que j'aime en lui.

« Pétermann ? — Monsieur. — Aimez-
» vous beaucoup votre état de tailleur ?
» Ah! ma foi! monsieur, j'ai eu si
» peu d'ouvrage depuis quelque temps
» que je finirai par oublier mon état...
» Et puis, je dois l'avouer, je n'ai jamais
» pu m'y distinguer.. Et ça me dégoûte!..
» — Dès que j'aurai repris toutes mes

» forces, je compte quitter Paris et voya-
» ger.. fort long-temps peut-être... Si je
» vous proposais de me suivre, de rester
» avec moi, non comme domestique,
» mais comme homme de confiance,
» comme compagnon fidèle, cela vous
» conviendrait-il? — Si ça me convien-
» drait!... Ah! prouth... Oui, monsieur,
» ça me conviendrait beaucoup. Je serai
» votre jockey, votre valet de chambre,
» tout ce que vous voudrez, car je suis
» certain que vous ne me traiterez ja-
» mais de manière à m'humilier. — Non,
» sans doute. Mais, Pétermann, vous
» avez un défaut... — Je sais ce que vous
» voulez dire : je me grise. C'est vrai;
» mais cela ne m'arrivait jamais que lors-
» que je n'avais rien à faire... Vous m'oc-
» cuperez, ça me corrigera de boire....
» Cependant je ne veux pas jurer de re-

» noncer entièrement au vin, je menti-
» rais; si vous me prenez avec vous, vous
» me permettrez de me griser une fois
» par mois.... Je ne vous demande que
» cela. — Une fois par mois, soit; mais
» pas plus! — Non, monsieur. — C'est
» convenu: vous resterez avec moi. Rien
» ne vous retient à Paris? — Oh! mon
» Dieu, non! monsieur, je n'y ai que ma
» femme. — Dans quelques jours nous
» partirons; mais je vous préviens que
» je compte voyager en artiste, tantôt à
» pied, tantôt en voiture, braver la
» pluie, le soleil, quand ce sera mon idée.
» — Monsieur plaisante. Je ne suis pas
» une petite maîtresse: je ferai ce qu'il
» fera. — Encore un mot!... Savez-vous
» mon nom? — Je l'ai entendu dire une
» fois au portier... Je ne m'en souviens
» pas bien, mais... — Ne cherchez pas

» à vous le rappeler. Je veux en prendre
» un autre sous lequel je compte voya-
» ger... Je me nommerai désormais.....
» Dalbreuse. Je ne veux plus être appelé
» autrement. — Cela suffit, monsieur;
» vous entendez bien que, moi, je vous
» nommerai comme vous voudrez... Me
» voilà donc un sort!..... Je n'ai plus be-
» soin de chercher des vestes, des cu-
» lottes à faire... Prout pour la couture!..
» Et puis je suis content de ne plus quit-
» ter monsieur. »

La joie de Pétermann me fait plaisir. Je suis bien aise de m'attacher quelqu'un qui ne m'ait pas connu marié.

Le lendemain de cette convention, Ernest entre chez moi, il court m'embrasser, me presser dans ses bras.

« Vous savez que j'ai manqué mou-
» rir? » lui dis-je. « —Je viens de l'apprendre

» par votre portier. Ingrat! et vous ne
» nous avez rien fait dire!... Est-ce ainsi
» que l'on se conduit avec ses amis? —
» Mon cher Ernest, quand j'ai été en état
» de vous le faire savoir, c'est que j'étais
» hors de danger; alors j'ai voulu atten-
» dre mon entière guérison, pour aller
» vous dire cela moi-même. — Mais quel
» est donc cet accident qui vous est ar-
» rivé?...

Je conte tout à Ernest. Je ne lui cache
pas que c'est pour avoir trop long-temps
regardé Eugénie que j'ai été renversé
sur la poussière. Ernest est indigné de
ma faiblesse; il va me gronder :

« Mon ami, » lui dis-je, « vous n'aurez
» plus de tels reproches à me faire : pour
» vous le prouver, je ne veux plus, dès
» cet instant, entendre parler de ma
» femme. Vous-même, vous me promet-

» tez de ne plus m'en dire un mot. —
» Oh ! ce n'est pas moi qui manquerai
» à cette promesse ! — D'ailleurs, je vais
» vous quitter pour long-temps peut-
» être. Je vais voyager. — Malgré le cha-
» grin que j'aurai d'être séparé de vous,
» je ne puis qu'approuver ce projet. Le
» changement de lieu vous fera du bien.
» Mais partez-vous seul? — Non, j'ai
» trouvé un compagnon fidèle... Cet
» homme qui a quitté la chambre, lors-
» que vous êtes entré... Vous ne l'avez
» pas reconnu? C'est ce pauvre garçon
» tailleur qui demeurait dans les man-
» sardes près de votre chère Margue-
» rite, et cassait les carreaux pour ren-
» trer chez lui. — Se pourrait-il ?... Et
» cet homme?... — Ne m'a pas quitté
» une minute pendant que mes jours
» étaient en danger. Et pourtant je n'é-

» tais qu'un étranger pour lui... Il voya-
» gera avec moi, il me suivra partout.
» — Je suis bien aise de savoir quelqu'un
» de dévoué auprès de vous. — Tenez,
» mon ami..... prenez cet agenda..... —
» Qu'en faut-il faire? — Il renferme le
» portrait de celle... que j'avais nommé
» ma femme... Je ne dois plus le garder...
» Plus tard, vous donnerez, si vous le
» voulez, ces tablettes... à... son fils. —
» — Son fils! mais, Blémont, il est le
» vôtre aussi..... N'irez-vous donc pas le
» voir avant de partir ? — Non. Sa vue
» m'est trop pénible... Je vous ai dit tout
» ce que je pensais... tous mes tourmens...
» Je ne verrai plus cet enfant...... —
» Mon cher Blémont!... n'êtes-vous point
» dans l'erreur?... Cet enfant est-il res-
» ponsable des fautes de sa mère?..... —
» Il est possible que je sois injuste... Pour-

» quoi m'a-t-on donné le droit de l'être ?...
» C'est vous que je charge de veiller
» à tout ce qui le regarde, de le mettre
» en pension lorsqu'il aura l'âge conve-
» nable... Je vous donnerai une lettre
» pour mon notaire, afin qu'il vous re-
» mette des fonds chaque fois que vous
» en aurez besoin. Pardonnez, mon ami,
» tous les embarras que je vous cause.
» — Ne parlez pas d'embarras... Mais son-
» gez pourtant que cet enfant... — Pas
» un mot de plus sur lui, je vous en prie.
» Je veux tâcher d'effacer de ma mémoire
» ceux que je dois bannir de mon cœur.
» Ah ! il faut cesser aussi de m'appeler
» Blémont. Dès ce moment, je quitte ce
» nom pour prendre celui de Dalbreuse.
» C'est donc sous ce nom que vous m'é-
» crirez, Ernest ; car j'espère que vous
» m'écrirez, mon ami. — Oui, sans doute ;

» mais j'espère aussi que vous ne resterez
» pas un siècle éloigné de nous.. Il vien-
» dra un temps, mon cher Henri, où
» vous pourrez habiter Paris et y rencon-
» trer.... la personne que vous fuyez
» maintenant, sans que cela vous fasse
» une grande impression... — Je le sou-
» haite. En attendant, je partirai; j'irai vi-
» siter la Suisse, les Alpes, les Pyrénées..
» l'Italie... Non, je n'irai pas en Italie!....
» Mais enfin, je m'arrêterai partout où
» je me trouverai bien. Je tâcherai de
» copier quelques beaux sites, quelques
» rians paysages. — Faites surtout des
» portraits de jolies femmes; c'est ce qui
» vous distraira le plus. Et quand partez-
» vous ? Il faut d'abord être bien rétabli.
» — Dans huit jours je me flatte de ne
» plus me ressentir de ma blessure; d'ici
» là, vous me verrez souvent. On me

» permet de sortir demain, et j'irai chez
» vous. »

Ernest est parti, et je fais déjà mes dispositions pour mon voyage. Ernest louera mon appartement tout meublé pendant mon absence; je le laisse maître de tout. Je n'ai qu'un désir, c'est d'être loin de Paris; mais avant, il faut que je revoie, que j'embrasse ma fille.

Je puis enfin quitter ma chambre. Je vais acheter deux chevaux : j'ai l'intention de voyager ainsi à petites journées tant que cela m'amusera. Je vais ensuite voir ma mère; je tremble qu'elle ne sache que je ne suis plus avec ma femme. Elle le sait en effet; des amis charitables n'ont pas manqué de lui apprendre que je n'habitais plus avec Eugénie; mais elle croit que ce n'est qu'une querelle qui a causé cette rupture. Elle me propose sa médiation pour nous raccommoder, car elle croit aussi que c'est moi qui suis dans mon tort; et elle me fait un sermon.

Je remercie ma mère, je lui apprends mon prochain départ, auquel je donne pour cause des affaires importantes. Elle espère qu'à mon retour tout sera oublié entre ma femme et moi; je le lui fais espérer, et lui dis adieu. Je suis bien certain qu'elle n'ira pas voir ma femme, cela dérangerait ses habitudes.

Je donne à Ernest et à sa compagne tout le temps qui s'écoule jusqu'à mon départ. Ils sont fâchés de me quitter, et cependant ils sont satisfaits que je parte; il en est de même de moi. Je leur recommande de me donner des nouvelles de ma fille: c'est une partie de moi-même dont je me sépare, mais en restant je ne la verrais pas davantage. Je leur fais jurer que lorsqu'ils m'écriront il ne sera jamais question de madame Blémont. Enfin, un soir j'embrasse tendrement Ernest, Marguerite et leurs enfans. Je veux partir le lendemain de grand matin.

Pétermann est prêt depuis long-temps. Il m'a dit qu'il montait bien à cheval. Nous avons chacun une excellente monture; et à six heures du matin nous quittons Paris. Mon compagnon est fort content de se mettre en route, il fredonne quelques refrains des *Nozze di Figaro*, ce qui ne lui était pas arrivé depuis ma maladie.

J'ai pris le chemin de Montmorency; car c'est près de là qu'est Aubonne, où je veux aller pour voir ma fille. Depuis deux jours j'ai pris en secret des informations sur madame Blémont, à son logement de la rue d'Antin. A Paris, avec de l'argent on sait tout ce qu'on veut. Le résultat de mes informations m'a appris que madame Blémont est maintenant à Paris, mais que sa fille n'y est pas avec elle. Henriette est donc sans sa mère à la campagne; je ne puis trouver un instant plus favorable pour voir ma fille.

Nous passons Montmorency, et nous arrivons à Aubonne. Pétermann trotte derrière moi, sans jamais me demander où nous allons, et cette discrétion me plaît. Au moment où nous apercevons la première maison d'Aubonne, je lui dis:

« Pétermann, j'ai affaire dans ce vil-
» lage... il faut que j'y voie quelqu'un qui
» m'est bien cher! — Tant que ça vous

» fera plaisir, monsieur ; l'endroit paraît
» gentil. — Il faudrait d'abord que vous
» prissiez quelques informations pour
» savoir où est la demeure de madame
» Rennebaut; c'est une vieille dame qui a
» une maison dans ce pays. — Madame
» Rennebaut... suffit, je vas demander
» chez le premier boulanger que je ver-
» rai. Il n'y en a peut-être qu'un dans
» l'endroit, et il faut nécessairement que
» madame Rennebaut se fournisse chez
» lui. Attendez-moi ici, monsieur, je se-
» rai bientôt de retour. »

Je laisse aller Pétermann; je suis alors
sur le haut d'une colline d'où je puis
apercevoir plusieurs maisons de campagne des environs; j'ai arrêté mon cheval. Mes yeux voudraient percer dans
l'intérieur de ces habitations pour y
trouver mon Henriette, l'espoir de voir,

d'embrasser bientôt ma fille, fait battre mon cœur, ah! bien plus fort que lorsqu'il s'agissait d'une maîtresse.

Pétermann revient : « Monsieur, on » m'a indiqué madame Rennebaut : une » vieille dame, riche veuve, sans enfans, » qui a un jardinier, une cuisinière et » une femme de chambre.—Sa maison?— » C'est à l'autre bout du village... en » prenant ce chemin tout droit jusqu'à » la mare, puis à gauche... puis nous » verrons la maison devant nous... C'est » une belle maison avec une grille, un » jardin qui a une terrasse d'où on a une » vue magnifique... — Avançons, Péter- » mann. »

Nous prenons le chemin qu'on nous a indiqué. Comme je sais madame Blémont à Paris, je ne crains point de me présenter chez madame Rennebaut;

j'ignore ce qu'Eugénie lui a dit, mais je demanderai à voir ma fille, et je ne suppose pas qu'on veuille me refuser cette satisfaction.

Nous avons passé la mare, nous sommes sur une espèce de route dont un côté donne sur les champs et plonge sur la belle vallée de Montmorency. J'aperçois la maison qu'on nous a indiquée, je pousse mon cheval; nous cotoyons déjà les murs du jardin, lorsque j'aperçois une femme se promenant sur la terrasse qui longe le mur de ce côté; elle donne la main à une petite fille. Cette femme, cet enfant, je les ai reconnus; et faisant aussitôt tourner bride à mon cheval, j'entre avec lui dans les champs, et je m'éloigne de la maison aussi vite que je m'en étais approché.

Je ne m'arrête que lorsque plusieurs

touffes d'arbres me cachent la maison. Eugénie est là... mon émissaire a donc été trompé, ou peut-être est-elle revenue d'hier au soir. Mais enfin elle est là, et je ne puis plus entrer dans cette maison. Sa présence m'en repousse ; elle croirait peut-être que c'est elle que je veux voir... Je serais trop humilié qu'elle eût cette pensée. Cependant je ne veux pas m'éloigner sans embrasser ma fille.

Je ne sais que faire. Pétermann m'a suivi, il est derrière moi ; mais il attend et ne dit rien. Je descends de cheval ; il va en faire autant que moi.

« Non, lui dis-je ; « restez en selle...
» gardez mon cheval... nous repartirons
» bientôt... Attendez-moi derrière ces
» arbres. »

Je le quitte et me rapproche de la

maison en prenant des détours pour ne pas être vu des personnes qui seraient sur la terrasse ; je suis certain que tout à l'heure on ne m'avait pas aperçu, car on ne regardait pas de mon côté.

Me voilà en face de ces jardins où elles étaient tout à l'heure ; une charmille me masque... Je vois les bords de la terrasse, mais je ne puis plonger dans le jardin. Il y a un noyer à quelques pas de moi : je regarde si personne ne peut m'apercevoir, et en quelques secondes je suis dans l'arbre. Alors je vois parfaitement dans le jardin, et je ne crains pas d'être vu.

Les voilà... Elles reviennent... Elles sortent d'une allée qui me les dérobait. Henriette court, joue. Sa mère se promène lentement, les regards souvent baissés vers la terre, ou les portant avec indifférence autour d'elle. Oh! ma fille! que tu me sembles embellie encore... Que je suis heureux lorsque tu tournes la tête de mon côté!

Elles s'approchent... Sa mère s'assied sur un banc qui est tout près de l'angle de ce mur. Elle tient un livre; mais elle le pose à côté d'elle et ne lit pas... Pourquoi ne lit-elle pas?.. A quoi donc pense-t-elle? elle ne cause pas avec sa fille, son front est soucieux... Ses yeux abattus... Est-elle donc déjà lasse de plaisirs.

Henriette vient près d'elle, et lui présente quelques fleurs qu'elle vient de cueillir. Elle prend sa fille entre ses genoux... elle la regarde... puis tout à coup elle l'embrasse à plusieurs reprises avec une sorte de frénésie, ensuite elle la laisse aller et retombe dans sa rêverie.

Jamais devant moi elle n'avait embrassé sa fille ainsi : craignait-elle donc de me faire plaisir en me rendant témoin des caresses qu'elle faisait à cette enfant?

Près d'une heure s'écoule. Elle est toujours là... assise sur le banc, ne lisant point, regardant quelquefois sa fille qui joue sur la terrasse. Et moi je ne songe pas au temps qui s'écoule, à ce pauvre Pétermann qui m'attend; je ne puis détourner mes yeux qui sont attachés sur ce jardin.

Tout à coup, en courant pour revenir près de sa mère, Henriette fait un faux pas; elle tombe sur le visage... Je pousse un cri en même temps qu'Eugénie.

Elle court à sa fille, la relève, l'embrasse; la petite pleure un peu, mais bientôt elle se calme, sourit, et je l'entends dire : « Ce n'est rien, maman. »

Eugénie regarde alors de tous côtés. Tout en tenant sa fille dans ses bras, elle s'avance sur le bord de la terrasse et cherche sur la route.

Je l'entends dire à sa fille : « Ce n'est
» cependant pas toi qui as crié en tom-
» bant? — Non, maman. — Qui est-ce
» donc? — Je ne sais pas, maman. —
» Est-ce que la bonne est dans le jardin?
» — Je ne sais pas... — Oh! non ce n'est
» pas la bonne qui a crié ainsi! »

Ses yeux cherchent encore ; elle regarde partout, et moi je n'ose pas bouger ; je crains de remuer une feuille : je serais désolé d'être découvert.

Elle se rasseoit enfin ; mais au bout d'un moment elle dit à sa fille :

« Rentrons, Henriette. — J'aime mieux

» rester dans ce jardin. — Si tu tombais
» encore... — Non, je ne courrai plus...
» Je jouerai doucement. »

Elle s'éloigne, et ma fille est restée. Si je pouvais profiter de ce moment!... mais ce mur est un peu haut... Comment arriver là?.. Ah! en montant sur mon cheval, je le pourrai peut-être.

Je descends de mon arbre; je cours rejoindre Pétermann, qui est toujours en selle, je remonte à cheval, et fais signe à mon compagnon de me suivre. En une minute je suis de nouveau contre les murs du jardin. Je monte debout sur mon cheval, j'atteins le haut du mur, je m'élance, je suis sur la terrasse; laissant Pétermann me regarder avec des yeux étonnés, mais sans souffler mot.

Je fais quelques pas dans le jardin; je

vois ma fille, je cours à elle, je la prends, et la couvre de baisers avant quelle ait eu le temps de me reconnaître, enfin elle a pu me regarder et elle s'écrie avec joie :

« C'est mon papa !.. mon petit papa !..
» Ah ! tu es donc revenu... Je demandais
» tous les jours à maman si tu allais ve-
» nir... — Tais-toi... tais-toi, chère enfant;
» viens là-bas... sur la terrasse... Je ne
» veux pas qu'on me voie de la maison.
» — Attends... je vais chercher maman...
» — Non... non... n'y va pas... reste avec
» moi... ne me quitte pas... il y a si long-
» temps que je ne t'ai embrassée... chère
» enfant... Pensais-tu à moi quelquefois?
» — Oh! oui, papa, je m'ennuyais après
» toi... — Tu t'ennuyais de ne pas me
» voir... Et ta mère que te dit-elle quand
» tu lui parles de moi ? — Elle ne dit

» rien..... elle me dit : C'est assez..... ne
» parle pas de ton papa. — Elle ne veut
» pas que tu penses à moi !..... Elle veut
» que tu m'oublies !.. — Et pourtant, elle
» me parle de toi toute la journée, elle. —
» Ta mère... — Laisse-moi donc aller dire
» à maman que tu es là. — Non, ma
» chère amie; je n'ai pas le temps de lui
» parler à présent..... Et toi il faut aussi
» que je te quitte..... pour bien long-
» temps peut-être... — Comment ! tu vas
» encore t'en aller... Ah! reste avec nous,
» papa; ne t'en vas pas. »

Pauvre enfant! j'aurais tant de plaisir
à rester avec toi! Je m'assieds sur le
banc où était tout à l'heure sa mère, je
la prends sur mes genoux, je la serre
dans mes bras. Il me vient un moment
l'idée de l'emmener avec moi, de la
ravir à Eugénie: mais cette chère enfant

ne pourrait voyager avec moi, et peut-être dans mes bras pleurerait-elle chaque jour sa mère; car un enfant se passe plutôt de son père que de celle dont le sein l'a porté... Ah! laissons-la près d'elle, il vaut bien mieux que ce soit moi qui souffre et qui sois malheureux.

Ces réflexions me serrent le cœur; je soupire en prenant ma petite Henriette dans mes bras; elle me regarde, et me voyant triste elle n'ose plus sourire. Pauvre enfant... et je voulais t'emmener avec moi ! Non... dans mes bras tu perdrais trop souvent cette gaîté seul trésor de son âge.

Tout à coup une voix fait entendre ces mots : « Henriette.... Henriette.... Tu ne » veux donc pas rentrer ?...

» —Voilà maman, » s'écrie ma fille. Je me lève brusquement, je pose ma fille à terre, je l'embrasse à plusieurs reprises, puis je me sauve.

« Mais, papa, attends donc... voilà » maman... »

Ces mots me font redoubler de vitesse, je suis au mur, je me laisse couler à terre, puis je cours près de Pétermann, je remonte à cheval et lui crie : « Au » galop. »

Tous deux nous pressons nos chevaux et nous sommes déjà loin d'Aubonne, que je n'ai pas encore osé me retourner de crainte de voir sur la terrasse.

FIN DU TROISIÈME VOLUME.

TABLE

DES CHAPITRES CONTENUS DANS CE VOLUME.

Chapitre Ier. Eugénie et Marguerite. . . . 1
Chapitre II. M. Dulac. 51
Chapitre III. Un service de femme. 90
Chapitre IV. Suite inévitable 130
Chapitre V. Un tourment de plus. — Une ancienne connaissance. . . . 158
Chapitre VI. Une rencontre. — Le départ. 193

FIN DE LA TABLE.

www.ingramcontent.com/pod-product-compliance
Lightning Source LLC
Chambersburg PA
CBHW060120170426
43198CB00010B/963